Chinese Language

무역중국어 길잡이

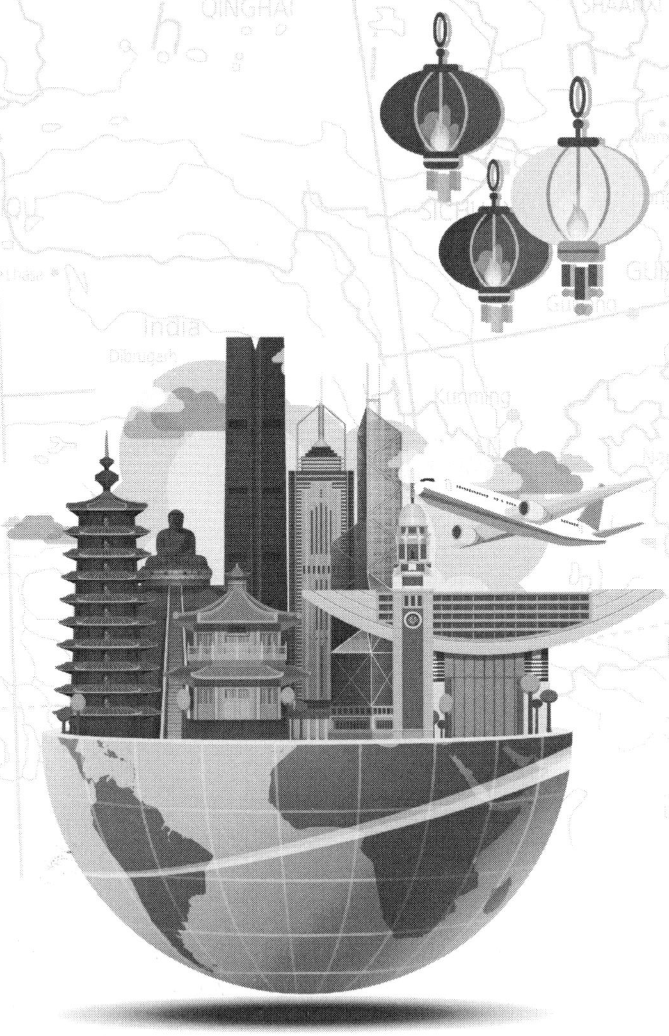

차성만 저

(주)백산출판사

머리말

1. 한 · 중 무역관계의 이해

중국은 약 13억 5천만 명의 세계 최대 인구 보유 국가이고, 세계 최대의 생산 공장과 소비 시장을 겸하며, 미국에 이어 세계 2위의 경제력뿐만 아니라, 우주과학의 첨단 기술력도 구비한 국가로서, 대한민국의 인접 국가이다. 1992년 한국 · 중국 국교 수립 이후, 2000년대 초반을 지나면서, 한국의 최대 교역 상대 국가는 미국에서 중국으로 고정되는 경향을 보이고 있다. 특히 2017년 3/4분기까지 한국의 중국에 대한 수출 비중은 24.1%로, 미국에 대한 수출 비중 12%보다 2배 정도가 되어, 수출 상대국 1위는 중국이고, 2위 국가는 미국이 되었다.

최근 우리나라 전체 무역의 약 20%는 중국과 이뤄진다는 현실을 직시한다면, 이후 중국과 우리나라의 경제적 상호관계는 절대적이라고 할 수 있다. 이렇게 양국 무역규모가 급증하고 양국 정치관계도 한층 우호적으로 변모하고 있어, 장래 한국과 중국은 상호 경제 · 무역의 협력에서 발생하는 가치가 더 증대하게 될 것이다.

이와 같은 한 · 중 관계의 긍정적이고 유익한 환경 형성을 고려하며 중국어를 학습한다면, 여러 분야 중에서도 가장 실용적인 내용이 경제 분야가 되고, 그중에서도 최고 핵심은 무역 분야가 될 것이다. 그러므로 중국 경제의 이해를 바탕으로 중국 대외무역 관계를 파악하는 것은 중국어 학습자의 필요단계로서 요구된다. 이런 필요성의 목표를 달성하기 위해, 본인은 이미 중국 경제 · 무역의 이해에 관한 〈경제시사중국어〉와 〈무역시사중국어〉를 펴내었고, 이제 시사중국어의 학습 기초를 다지기 위한 〈무역중국어길잡이〉와 〈경제중국어길잡이〉를 펴낸다.

2. 중국어의 학습 자세

중국어가 어렵다고 사람들은 말한다. 물론 중국어는 어렵다. 모국어가 아닌데 어찌 쉽겠는가. 하지만 중국어는 쉽게 배울 수 있다. 1) 학습 의지가 지속적이고, 2) 학습 방법이 용이하면, 쉬울 수 있다. 중국어는 쉽게 배울 수 있다.

1) 먼저 학습 의지는 학습자의 몫이다. 학습자는 중국어 숙달의 목표를 굳게 마음먹어야 한다. 굳게 먹은 마음을 꾸준히 지속해야 한다.
2) 다음으로 학습 방법은 교수자의 몫이다. 교수자는 중국어 숙달 위한 지식과 정보

를 친절히 제공해야 한다. 친절히 제공된 학습 방법은 어렵다는 중국어 숙달을 쉽게 만들어준다.

학습 의지의 견지와 학습 방법의 제공에 의해, 중국어 숙달은 쉬워진다. 때문에 중국어 학습 자세는 본인의 의지에 따라 좌우되고, 중국어 학습 효과는 교재의 내용에 의해 결정된다. 교수자의 몫으로 본서의 목표는 시사중국어를 쉽게 설명할 것이다.

3. 본서의 구성 특징

본서의 대상은, 중국어 초급과정을 마친 후, 중급과정에 들어선 학습자이다. 본서의 내용은 중국 무역 분야의 일상적인 용어를 중심으로 한 시사성 문장에 대한 번역 학습이다. 본서의 목표는, 어렵다는 무역중국어를 '문장을 짧게 나누어, 조금씩 설명해서, 쉽게 이해하는 것'이다.

1. 단어 정리: 각 과마다 모든 단어를 정리하고, 본문에 해당하는 뜻을 새겨놓았다. 비록 앞 과에서 이미 출현한 단어라고 해도, 뒤 과에서는 새로이 그 뜻을 정리하여 제시했다. 그러므로 사전 없이도 단어의 의미를 파악하여 본문을 번역할 수 있도록 제공했다.
2. 단문 해설: 긴 문단이나 문장이 아니라, 짧은 단문을 번역의 기본으로 삼았다. 또한 단문의 번역은 단문 속의 어법적인 구와 절을 자세히 짧게 나누었고, 여기에 해설을 붙이고 단문 번역의 기초로 삼았다.
3. 문장 번역: 짧은 단문의 번역을 장문으로 결합하여, 문장의 번역으로 재구성하였다. 앞서 제시한 단문 번역에 추가로 장문으로서 갖추어야 할 어법 내용을 덧붙인 의역을 실었다.
4. 읽기 훈련: 중국어 학습에서 내용의 이해, 즉 번역 이외에 또 하나 중요한 점은 머릿속에서 이해한 것을 입 밖으로 말하는 것이다. 중국어 학습의 목표는 중국어를 눈으로 귀로 이해하고, 손으로 · 입으로 표현하는 것이다. 우리가 실용적 외국어 학습을 최종 목표로 삼는다면, 눈으로 · 귀로 이해하고 손으로 표현하는 것을 모두 종합하여 입으로 표현하는 것이 가장 중요한 것이다.

때문에 시사중국어를 학습한다 하더라도, 입 밖으로 소리내어 표현하는 방법을 배우는 것이 중요하다. 본서는 머릿속의 이해뿐만 아니라, 입 밖의 표현도 중시하여 발음을 병기하여 읽기 훈련의 기회를 제공했다.

4. 본서의 학습 방법

본서의 편집 순서는, 1장 원문은 본문을 제시하고, 2장 발음은 본문의 한어병음 표기를 제시하고, 3장 해설은 문장, 한어병음, 번역문, 단어 · 구 · 절의 해설로 구성되었고, 4장 번역은 본문의 번역문으로 편성되어 있다.

보통 글은 단어 · 구 · 절 · 문장 · 문단 · 글로 구성된다. 본서의 설명 순서는 먼저 단어 · 구 · 절의 뜻을 새기고, 다음으로 이들을 바탕으로 문장을 번역하고, 끝으로 문단의 내용으로 결합되어 있다. 본서는 간편한 번역과 해설을 위해 하나의 문단을 여러 문장으로 나누었다. 하나의 문장은 하나의 마침표를 단위로 나뉘고, 하나의 숫자 번호가 붙여졌다. 문장은 각각의 단문으로 세분되어 하나의 로마자 번호가 주어졌다.

번역과 해설의 기본 단위는 하나의 단문이다. 단문에는 먼저 발음을 병기하고, 다음으로 단어에 대한 의미 그리고 구와 절에 대한 설명을 구체적으로 하였다. 번역은 직역을 우선으로 하고, 의미의 순조로운 풀이를 위해 문장의 뜻을 새겨서 의역을 첨가했다.

본서의 이해력을 높이기 위한 학습 순서는, 첫째로 숫자 번호의 문장(예로 1)의 문장), 둘째로 로마자 번호의 단문(예로 A)의 단문), 셋째로 단어 · 구 · 절의 뜻, 넷째로 단문의 번역, 다섯째로 문장의 번역, 여섯째로 발음 읽기, 일곱째로 본문의 번역을 참고할 수 있다.

끝으로, 본서의 집필 과정에서 느낀 빈 · 슬 · 람의 사랑 그리고 본서의 출판을 위해 백산출판사 모든 구성원이 특별히 베풀어주신 배려에 깊은 감사를 드립니다. *

2018년 2월

잠실효범재에서

범 례

1) 해설 문장의 구분 방법

① 문장 1) 2) 3) 등은 하나의 마침표를 위주로 구분함.

② 어귀 a) b) c) 등은 하나의 개사구 혹은 하나의 서술어를 위주로 구분함.

2) 문장의 뜻

문장의 번역은 직역을 위주로 하고, 뜻을 새길 경우에는 의역을 보충으로 함.

3) 기호

→는 ① 직역한 뒤에 의역을 뜻함.

② 단어나 어구의 뜻을 더욱 새겨서 사용함.

( )는 ① 괄호 속의 단어나 어구가 생략이나 첨가가 가능한 경우에 사용함.

② 한자어의 경우에는 그 한자를, 외래어의 경우에는 그 원어를 표시함.

[ ]는 ① 그중 하나를 선택적으로 사용 가능할 경우를 나타냄.

② 어떤 단어나 어구를 어법적이나 내용적으로 설명할 경우에 사용함.

※는 어떤 단어나 어구를 문법 때문에 번역에서 특별히 해설할 경우에 사용함.

≒는 유사어 · 비슷한 말을 나타냄.

～는 앞의 단어 · 어구 · 문장과 동일함을 표시함.

4) 품사

[대] 대명사	[명] 명사
[수] 수사	[형] 형용사
[동] 동사	[부] 부사
[개] 개사	[조] 조사
[접] 접속사	[양] 양사
[접두] 접두사	[접미] 접미사

차 례

第一课

中国入世10周年

第一课 中国入世10周年

1. 원문 中国加入世界贸易组织10周年高层论坛在京举行

中国加入世界贸易组织整整10年了。这10年究竟意味着什么？在这个问题上，应该说国际社会是有一个基本共识的：中国加入世界贸易组织，扩大对外开放，惠及13亿中国人民，也惠及各国人民。

一些人出于各种各样的原因不肯公开承认这一点，一些人仍在拿人民币汇率·世界贸易平衡等问题说事。但是，恐怕没有哪个严肃的政治家或分析人士有勇气站出来，全面否定中国经济发展在全球范围内产生的积极影响，大声表达阻止中国经济发展的政策主张。

这样一个基本共识来之不易，尤其是在中国国际地位大幅提升·经济总量和货物贸易额排名跃居全球第二位的背景下。

或许有人会讲，中国经济发展对世界经济的拉动作用是明摆着的，事实胜于雄辩。那么，中国利用不断增强的国力欺负过哪个周边国家吗？中国又做过什么威胁世界和平稳定的事情？走和平发展道路是中国的基本国策，同样也是中国长期以来实实在在的现实作为。为什么中国军事威胁论非但没有消除，在某些别有用心者的煽动下甚至有所抬头？当然，我们不会天真地忽视中国迅速壮大的经济实力对某些人的心理冲击。在各种"威胁论"制造者眼里，正是强大的经济实力为中国"称雄世界的野心"提供了最有力的支撑。

* 출처: 人民网　http://world.people.com.cn/GB/16572499.html

2. 발음 zhōngguó rù shì shí zhōunián

zhōngguó jiārù shìjiè màoyì zǔzhī shí zhōunián gāocéng lùntán zài jīng jǔxíng

zhōngguó jiārù shìjié maòyì zǔzhī zhěngzhěng shí nián le。 zhè shí nián jiūjìng yìweìzhe shénme? zaì zhège wèntǐ shang, yīnggaī shuō guójì shèhuì shì yǒu yíge jīběn gòngshí de: zhōngguó jiārù shìjiè màoyì zǔzhī, kuòdà duìwài kāifàng, huìjí shí sān yì zhōngguó rénmín, yě huìjí gèguó rénmín。

yìxiē rén chūyú gèzhǒng gèyàng de yuányīn bùkěn gōngkāi chéngrèn zhè yì diǎn, yìxiē rén réngzài ná rénmínbì huìlǜ・shìjiè màoyì pínghéng děng wèntí shuōshì。 dànshì, kǒngpà méiyǒu nǎge yánsù de zhèngzhìjiā huò fēnxī rénshì yǒu yǒngqì zhànchūlái, quánmiàn fǒudìng zhōngguó jīngjì fāzhǎn zài quánqiú fànwéi nèi chǎnshēng de jījí yǐngxiǎng, dàshēng biǎodá zǔzhǐ zhōngguó jīngjì fāzhǎn de zhèngcè zhǔzhāng。

zhèyàng yíge jīběn gòngshí láizhībùyì, yóuqíshì zài zhōngguó guójì dìwèi dàfú tíshēng・jīngjì zǒngliàng hé huòwù màoyì'é páimíng yuèjū quánqiú dìèr wèi de bèijǐng xià。

huòxǔ yǒurén huì jiǎng, zhōngguó jīngjì fāzhǎn duì shìjiè jīngjì de lādòng zuòyòng shì míngbǎizhe de, shìshí shèngyú xióngbiàn。nàme, zhōngguó lìyòng búduàn zēngqiáng de guólì qīfù guo nǎge zhōubiān guójiā ma？ zhōngguó yòu zuò guo shénme wēixié shìjiè hépíng wěndìng de shìqíng？ zǒu hépíng fāzhǎn dàolù shì zhōngguó de jīběn guócè, tóngyàng yě shì zhōngguó chángqī yǐlái shíshízàizài de xiànshí zuòwéi。wèishénme zhōngguó jūnshì wēixiélùn fēidàn méiyǒu xiāochú, zài mǒuxiē biéyǒu yòngxīnzhě de shāndòng xià shènzhì yǒusuǒ tāitóu？ dāngrán, wǒmen búhuì tiānzhēndi hūshì zhōngguó xùnsù zhuàngdà de jīngjì shílì duì mǒuxiē rén de xīnlǐ chōngjī。zài gèzhǒng “wēixiélùn” zhìzàozhě yǎnli, zhèngshì qiángdà de jīngjì shílì wèi zhōngguó “chēngxióng shìjiè de yěxīn” tígōng le zuìyǒulì de zhīchēng。

3. 해설 중국 세계무역기구 가입 10주년

1) 中国入世10周年

zhōngguó rù shì shí zhōunián
중국 세계무역기구 가입 10주년

入世(rùshì)：加入世界贸易组织의 약칭. 세계무역기구(WTO)에 가입하다.
→ 세계무역기구 가입.

加入(jiārù)：1. 동 가입하다. 참가하다. 참여하다.
2. 동 넣다. 붙이다. 보태다.

世界贸易组织(shìjiè màoyì zǔzhī)：명 세계무역기구. WTO(World Trade Organization).

世界(shìjiè)：1. 명 세계. 〔지구상의 모든 곳〕
2. 명 세상. 〔자연계와 인류 사회의 일체 사물의 총화〕
3. 명 인간 세상. 사회.

贸易(màoyì)：명 무역. 교역. 매매. 거래. 통상.

组织(zǔzhī)：1. 명 조직. 계통. 시스템.
2. 동 조직하다. 구성하다. 결성하다.

周年(zhōunián)：명 주년.

2) 中国加入世界贸易组织10周年高层论坛在京举行

zhōngguó jiārù shìjiè màoyì zǔzhī shí zhōunián gāocéng lùntán zài jīng jǔxíng
중국의 세계무역기구 가입 10주년 고위층 포럼이 북경에서 거행되다

中国加入世界贸易组织10周年：중국이 세계무역기구에 가입한 지 10주년이다.
→ 중국의 세계무역기구 가입 10주년.

高层(gāocéng)：1. 형 고위(층)의. → 고위층.
2. 형 고층의.
3. 명 높은 층(수). 고층.

论坛(lùntán)：명 논단. 칼럼. → 포럼(Forum). 토론회.

在京(zài jīng)：在北京(zài běijīng). 북경〔베이징〕에서.

在(zài)：1. 개 …에(서). …에 있어서.
2. 동 존재하다. 생존하다.
3. 동 (사람이나 사물이) …에 있다.
4. 동 (어떤 직위에) 몸담고 있다. 머물러 있다. 남아 있다.
5. 동 (어떤 단체에) 참여하다. 속하다.
6. 동 …에 있다. …에 달려 있다.
7. 부 마침 …하고 있다. 막 …하고 있는 중이다.

举行(jǔxíng)：동 거행하다. → 거행되다.

3) 中国加入世界贸易组织整整10年了。

zhōngguó jiārù shìjié maòyì zǔzhī zhěngzhěng shí nián le。
중국의 세계무역기구 가입은 꼭 10년이 되었다.

整整(zhěngzhěng)：부 꼬박. 온전히. 꼭. → 온전한.

了(le)：조 동사나 형용사 뒤에서, 동작 또는 변화가 이미 완료되었음을 나타냄.

4) 这10年究竟意味着什么？

zhè shí nián jiūjìng yìweìzhe shénme?
이 10년은 도대체 무엇을 의미하고 있는가?

究竟(jiūjìng)：부 도대체. 대관절.

意味(yìwèi)：명 의미. 동 의미하다.

意味着(yìwèizhe)：동 의미하다. 뜻하다. 나타내다.

5) 在这个问题上，应该说国际社会是有一个基本共识的：中国加入世界贸易组织，扩大对外开放，惠及13亿中国人民，也惠及各国人民。

zaì zhège wèntǐ shang, yīnggaī shuō guójì shèhuì shì yǒu yíge jīběn gòngshí de：zhōngguó jiārù shìjiè màoyì zǔzhī, kuòdà duìwài kāifàng, huìjí shí sān yì zhōngguó rénmín, yě huìjí gèguó rénmín。

이 문제에 있어, 국제사회에는 하나의 기본적 공통 인식이 있다는 것을 반드시 말해야 한다. 즉 중국의 세계무역기구 가입은, 대외개방을 확대하고, 13억 중국 국민에게 혜택을 베풀고, 또한 각국 국민에게 혜택을 베풀었다.

应该(yīnggaī)：㊍ 반드시〔마땅히〕 …해야 한다〔할 것이다〕.
共识(gòngshí)：㊔ 공통(된) 인식. 인식의 일치.
扩大(kuòdà)：㊍ 확대하다. 넓히다. 키우다. 증대하다. 신장하다.
对外开放(duìwài kāifàng)：㊍ 대외적으로 개방하다. → 대외개방.
惠及(huìjí)：…에게 혜택을 베풀다. 은혜가〔혜택이〕 미치다.

6) 一些人出于各种各样的原因不肯公开承认这一点，一些人仍在拿人民币汇率·世界贸易平衡等问题说事。

yìxiē rén chūyú gèzhǒng gèyàng de yuányīn bùkěn gōngkāi chéngrèn zhè yì diǎn, yìxiē rén réngzài ná rénmínbì huìlǜ · shìjiè màoyì pínghéng děng wèntí shuōshì。

일부 사람은 여러 종류의 원인에서 출발하여 이 점을 공개적으로 인정하려 하지 않고, 일부 사람은 여전히 인민폐의 환율 · 세계 무역 균형 등 문제를 가지고 허황된 말을 하고 있다.

一些人(yìxiērén)：일부 사람. 여러 사람. 여럿이.
出于(chūyú)：㊍ (어떤 입장 · 태도에서) 출발하다. 비롯되다. 나오다.
各种各样(gèzhǒng gèyàng)：여러 종류. 각종. 각양각색. 가지각색.
不肯(bùkěn)：㊍ 원하지 않다. …하려 하지 않다.
承认(chéngrèn)：㊍ 인정하다. 승인하다. 동의하다. 긍정하다. 인가하다.

点(diǎn) : 1. 명 사물의 방면이나 부분.
2. 명 (위치 · 지점 · 정도 · 한도와 같은) 일정한 위치.
3. 명 〔언어학 · 수학 상의〕 점.
4. 동 점을 찍다.
5. 양 (~儿) 약간. 조금.
6. 동 일일이 조사하다. 하나하나 대조하다.
7. 동 지적하다. 가르치다. 일러 주다. 깨우쳐 주다. 귀띔하다.

一点(yìdiǎn) : 1. 한 점. 〔사물의 어떤 문제 혹은 방면을 가리킴〕
2. 한 시(时).
3. 약간.

这一点 : 이 부분. 이 점.

仍在(réngzài) : 아직도 …중이다. 아직도 …하고 있다.

仍(réng) : 부 여전히. 아직도.

拿(ná) : 개 …로써. …을 가지고서.

人民币(rénmínbì) : 명 런민비. 인민폐. 〔중국 법정화폐로, 元을 기본 단위로 함〕

汇率(huìlǜ) : 명 환율.

平衡(pínghéng) : 1. 명 균형. 평형.
2. 동 균형을 맞추다. 평형되게 하다.
3. 형 균형이 잡히다. 평형하다.

说事(shuōshì) : 동 그럴싸하게 꾸며 말하다. 허황된 말을 하다. 소개하다.

7) 但是，恐怕没有哪个严肃的政治家或分析人士有勇气站出来，全面否定中国经济发展在全球范围内产生的积极影响， 大声表达阻止中国经济发展的政策主张。

dànshì, kǒngpà méiyǒu nǎge yánsù de zhèngzhìjiā huò fēnxī rénshì yǒu yǒngqì zhànchūlái, quánmiàn fǒudìng zhōngguó jīngjì fāzhǎn zài quánqiú fànwéi nèi chǎnshēng de jījí yǐngxiǎng, dàshēng biǎodá zǔzhǐ zhōngguó jīngjì fāzhǎn de zhèngcè zhǔzhāng。

그러나 아마도 어느 엄숙한 정치가나 분석가도 용기를 가지고 나서서, 중국 경제 발전이 세계적인 범위에서 발생하는 긍정적 영향을 전면적으로 부정하고, 중국 경제 발전을 저지하는 정책적 주장을 큰 소리로 표현하지는 않을 것이다.

恐怕(kǒngpà)：부 아마 …일 것이다.

严肃(yánsù)：형 엄숙하다. 근엄하다.

政治家(zhèngzhìjiā)：명 정치가.

分析人士(fēnxī rénshì)：분석가. 분석자.

有勇气(yǒu yǒngqì)：용기를 갖다. 용기가 있다. 용기가 나다.

站出来(zhànchūlái)：나서다.

全面(quánmiàn)：1. 형 전면적이다. 전반적이다. → 부 전면적으로.
2. 명 전면. 전반. 전체.

否定(fǒudìng)：1. 동 (어떤 존재나 사실을) 부정하다.
2. 형 부정의. 부정적인.

经济(jīngjì)：명 경제. 국민 경제. 국민 경제의 한 부문. 경제 활동.

发展(fāzhǎn)：1. 동 발전하다. 확대〔발전〕시키다. 확충하다.
2. 명 발전. 확대.

全球(quánqiú)：명 전 세계. 지구 전체. 온 세상. 국제.

范围(fànwéi)：1. 명 범위.
2. 동 제한하다. 개괄하다.

产生(chǎnshēng)：동 생기다. 발생하다. 나타나다. 출현하다.

积极(jījí)：1. 형 적극적이다. 열성적이다. 의욕적이다. 진취적이다.
2. 형 긍정적이다. 건설적이다.

影响(yǐngxiǎng)：1. 명 영향.
2. 동 영향을 주다〔끼치다〕.

大声(dàshēng)：명 큰 소리. 대성.

表达(biǎodá)：동 나타내다. 표현하다. 드러내다.

阻止(zǔzhǐ)：동 저지하다. 가로막다.

政策(zhèngcè)：명 정책.

主张(zhǔzhāng)：1. 동 주장하다.
2. 동 주장. 견해. 의견.

8) 这样一个基本共识来之不易，尤其是在中国国际地位大幅提升·经济总量和货物贸易额排名跃居全球第二位的背景下。

zhèyàng yíge jīběn gòngshí láizhībúyì, yóuqíshì zài zhōngguó guójì dìwèi dàfú tíshēng·jīngjì zǒngliàng hé huòwù màoyì'é páimíng yuèjū quánqiú dièr wèi de bèijǐng xià。

이러한 기본적 공통 인식은 아주 어렵게 이루어졌으며, 더욱이 중국의 국제적 지위가 대폭적으로 오르고 경제 총량과 상품 무역액의 순위가 세계 2위로 도약하는 배경 하에서는 그러하다.

来之不易(láizhībúyì)：오기가 쉽지 않다. 어렵게 왔다. 아주 어렵게 이루어졌다.
尤其是(yóuqíshì)：尤其(yóuqí), 부 더욱이. 특히.
在(zài)…下(xià)：… (하)에서.
地位(dìwèi)：명 지위. 위치. 자리.
大幅(dàfú)：1. 형 (옷감의) 폭이 넓다.
2. 형 (그림·표어 등의) 면적이 넓다.
3. 형 대폭의. 대폭적인. → 대폭적으로.
提升(tíshēng)：동 오르다. 상승하다. 진급하다. 진급시키다.
经济总量(jīngjì zǒngliàng)：경제 총량.
总量(zǒngliàng)：명 총(수)량. 전체 수량.
货物(huòwù)：명 상품. 물품. 화물.
贸易额(màoyì'é)：무역액.
排名(páimíng)：명 석차. 순위. 서열.
跃居(yuèjū)：동 (석차 등이) 일약 …이 되다. …로 도약하다.
第二位(dìèr wèi)：2위. 이등. 두 번째. 둘째.
背景(bèijǐng)：명 배후. 배경.

9) 或许有人会讲，中国经济发展对世界经济的拉动作用是明摆着的，事实胜于雄辩。

huòxǔ yǒurén huì jiǎng, zhōngguó jīngjì fāzhǎn duì shìjiè jīngjì de lādòng zuòyòng shì míngbǎizhe de, shìshí shèngyú xióngbiàn。

아마 어떤 사람이, 중국 경제 발전의 세계 경제에 대한 촉진 역할은 분명한 것이고, 사실이 웅변을 능가한다고 말할 수 있을지 모른다.

或许(huòxǔ)：부 아마. 어쩌면. 혹시 (…인지 모른다).

有人(yǒurén)：1. 명 어떤 사람. 누군가.
2. 동 사람이 있다.
3. 동 틀림없는 사람이 있다.
4. 동 인재가 있다.

会(huì)：1. 동 (배워서) …를 할 수 있다. …할 줄 알다.
2. 동 …을 잘하다. …에 뛰어나다〔능하다〕.
3. 동 …할 가능성이 있다. …할 것이다.

讲(jiǎng)：1. 동 말하다. 이야기하다. 평론하다.
2. 동 …에 대하여 말하다. 논하다.
3. 동 설명하다. 해설하다. 논설하다.

拉动(lādòng)：동 촉진하다. 적극적으로 이끌다.

作用(zuòyòng)：1. 명 역할. 작용. 영향. 효과. 효용.
2. 동 작용하다. 영향을 미치다.

拉动作用(lādòng zuòyòng)：촉진 역할.

明摆着(míngbǎizhe)：형 명백하다. 분명하다. 뚜렷하다. 똑똑하다. 뻔하다.

胜于(shèngyú)：동 …보다 낫다. …보다 앞서다. …을 능가하다.

雄辩(xióngbiàn)：명 웅변.

10) 那么，中国利用不断增强的国力欺负过哪个周边国家吗？
nàme, zhōngguó lìyòng búduàn zēngqiáng de guólì qīfùguo nǎge zhōubiān guójiā ma？
그럼, 중국이 부단히 증강하는 국력을 이용하여 어느 주변국가를 능욕한 적이 있는가?

利用(lìyòng)：1. 동 이용〔활용 · 응용〕하다.
2. 동 (사람 · 사물을 자기에게 유리하도록) 이용하다.

不断(búduàn)：1. 동 끊임없다.
2. 부 계속해서. 부단히. 끊임없이.

增强(zēngqiáng)：동 증강하다. 강화하다. 높이다.

欺负(qīfù) : 동 능욕하다. 얕보다. 괴롭히다. 업신여기다.
周边(zhōubiān) : 명 주변. 주위.

11) 中国又做过什么威胁世界和平稳定的事情?
zhōngguó yòu zuòguo shénme wēixié shìjiè hépíng wěndìng de shìqíng?
중국이 또한 세계 평화 안정을 위협하는 어떤 일을 한 적이 있는가?

威胁(wēixié) : 동 위협하다. 으르다. 협박하다.
和平(hépíng) : 1. 명 평화.
2. 형 (성질이) 순하다. 부드럽다. 온화하다. 따뜻하다.
3. 형 평온하다. 차분하다. 가라앉다.
稳定(wěndìng) : 1. 형 안정되다. 변화가 없다. 안정적이다.
2. 동 진정시키다. 가라앉히다.
事情(shìqíng) : 명 일. 사건. 사고. 볼일. 용무. 직업. 업무. 직무. 일자리.

12) 走和平发展道路是中国的基本国策, 同样也是中国长期以来实实在在的现实作为。
zǒu hépíng fāzhǎn dàolù shì zhōngguó de jīběn guócè, tóngyàng yě shì zhōngguó chángqī yǐlái shíshízàizài de xiànshí zuòwéi。
평화 발전의 추구는 중국의 기본 국책이고, 마찬가지로 또한 중국의 오랫동안 확실한 현실적 행위이었다.

走(zǒu)…道路(dàolù) : …의 길을 걷다. → …을 추구하다. …의 추구.
基本(jīběn) : 1. 형 기본의. 기본적인. 근본적인.
2. 형 주요한. 주된. 중요한.
3. 부 대체로. 거의. 기본적으로.
国策(guócè) : 명 국책. 국가의 기본 정책.
同样(tóngyàng) : 접 마찬가지로. 부 마찬가지로. 다름없이. 똑같이.

长期(chángqī) : 명 장시간. 장기간.

长期以来(chángqī yǐlái) : 오랫동안.

实实在在(shíshízàizài) : 형 확실하다. 착실하다.

现实(xiànshí) : 1. 명 현실.

2. 형 현실적이다.

作为(zuòwéi) : 1. 명 행위. 행동. 소행.

2. 동 …로 여기다〔간주하다〕. …으로 삼다. …로 하다.

3. 동 …의 신분〔자격〕으로서. 〔반드시 명사성 목적어를 취해야 함〕

13) 为什么中国军事威胁论非但没有消除, 在某些别有用心者的煽动下甚至有所抬头?

wèishénme zhōngguó jūnshì wēixiélùn fēidàn méiyǒu xiāochú, zài mǒuxiē biéyǒu yòngxīnzhě de shāndòng xià shènzhì yǒusuǒ tāitóu?

왜 중국 군사 위협론은 제거되지 않을 뿐만 아니라, 일부 다른 꿍꿍이가 있는 자의 선동 하에서 심지어 다소 대두하기도 하는가?

军事(jūnshì) : 명 군사. 군대 · 전쟁 따위에 관한 일.

论(lùn) : 1. 명 주장. 학설. 관점. 견해. 의견.

2. 동 논(의)하다. 의논하다. 분석하다. 해설하다.

威胁论(wēixiélùn) : 위협론.

非但(fēidàn) : 접 비단 …뿐만 아니라.

消除(xiāochú) : 동 없애다. 해소하다. 제거하다. 일소하다. 청산하다.

某些(mǒuxiē) : 대 몇몇(의). 일부(의).

别有(biéyǒu) : 동 달리 있다. 따로 지니다.

用心(yòngxīn) : 명 의도. 속셈. 저의. 목적.

别有用心 : 달리 속셈이 있다. 다른 꿍꿍이가 있다.

者(zhě) : 1. 대 자. 것. 〔동사 · 형용사나 동사구 · 형용사구 뒤에 쓰여, 그러한 속성을 가지고 있거나 동작을 하는 사람 · 사물을 나타냄〕

2. 대 자. 〔工作 · 主义 뒤에 쓰여, 어떤 일에 종사하거나 어떤 주의를 신봉하거나 어떤 경향이 심한 사람을 나타냄〕

煽动(shāndòng) : 1. 명 선동.
2. 동 선동하다. 부추기다. 꼬드기다.

甚至(shènzhì) : 부 심지어. …까지도. …조차도.

有所(yǒusuǒ) : 동 다소 …하다. 어느 정도 …하다. 좀 …하다.

抬头(tāitóu) : 동 머리를 들다. 대두하다. 다시 활개를 치다. 다시 발전하다.

14) 当然，我们不会天真地忽视中国迅速壮大的经济实力对某些人的心理冲击。

dāngrán, wǒmen búhuì tiānzhēndi hūshì zhōngguó xùnsù zhuàngdà de jīngjì shílì duì mǒuxiē rén de xīnlǐ chōngjī。

당연히 우리는 중국의 신속히 커지는 경제 실력이 일부 사람에게 주는 심리적 충격을 순진하게 경시할 수 없다.

当然(dāngrán) : 1. 형 당연하다. 물론이다.
2. 부 당연히. 물론.
3. 부 물론.

天真(tiānzhēn) : 1. 형 천진하다. 순진하다. 꾸밈이 없다.
2. 형 머리가 단순하다. 생각이 유치하다.

地(de) : 〔단어 · 구 뒤에 쓰여, 그 단어 · 구가 부사로서 다음을 수식함을 나타냄.〕

天真地(tiānzhēnde) : 순진하게.

忽视(hūshì) : 동 소홀히 하다. 등한히 하다. 홀시하다. 경시하다.

迅速(xùnsù) : 형 신속하다. 재빠르다. 날래다. → 신속히. 빠르게.

壮大(zhuàngdà) : 동 강대해지다. 커지다.

实力(shílì) : 명 실력. (정치 · 경제적인) 힘.

心理(xīnlǐ) : 명 심리. 심적〔정신〕 상태.

冲击(chōngjī) : 명 충격.

15) 在各种"威胁论"制造者眼里，正是强大的经济实力为中国"称雄世界的野心"提供了最有力的支撑。

zài gèzhǒng "wēixiélùn" zhìzàozhě yǎnli, zhèngshì qiángdà de jīngjì shílì wèi zhōngguó "chēngxióng shìjiède yěxīn" tígōngle zuìyǒulìde zhīchēng。

각종 "위협론" 제조자의 관점에서 보면, 바로 강대한 경제 실력이 중국의 "세계에서 군림하는 야심"을 위해 가장 유력한 버팀목을 제공했다는 것이다.

在(zài)…眼里(yǎnli) : …의 관점에서 보면.

制造(zhìzào) : 동 제조하다. 만들다. 조성하다. 조장하다.

制造者(zhìzàozhě) : 명 제조자.

正是(zhèngshì) : 동 바로 …이다. 마침 …이다.

强大(qiángdà) : 형 강대하다.

为(wèi) : 1. 개 …에게(…을 해 주다). …을 위하여. 〔행위의 대상을 나타냄〕
2. 개 …때문에. …덕택에. …하기 위하여. 〔행위의 원인 · 목적을 나타냄〕
3. 개 …에 대해서. …을 향하여. 〔행위의 방향을 나타냄〕

称雄(chēngxióng) : 동 한 지역에서 군림하다. 어떤 분야에서 최고로 군림하다.

野心(yěxīn) : 명 야심.

提供(tígōng) : 동 (자료 · 물자 · 의견 · 조건 등을) 제공하다. 공급하다. 내놓다.

最(zuì) : 1. 부 가장. 제일. 아주. 매우.
2. 명 최고. 으뜸.

有力(yǒulì) : 형 힘이 있다. 힘이 세다. 유력하다.

最有力(zuì yǒulì) : 가장 유력하다. 가장 힘이 세다.

支撑(zhīchēng) : 1. 동 버티다. 받치다. 견디다. 지탱하다.
2. 명 지탱. 지주(支柱). 버팀목. 버팀대. *

4. 번역 중국 세계무역기구 가입 10주년

중국의 세계무역기구 가입 10주년 고위층 포럼이 북경에서 거행되다

중국의 세계무역기구 가입은 꼭 10년이 되었다. 이 10년은 도대체 무엇을 의미하고 있는가? 이 문제에 있어, 국제사회에는 하나의 기본적 공통 인식이 있다는 것을 반드시 말해야 한다. 즉 중국의 세계무역기구 가입은, 대외개방을 확대하고, 13억 중국 국민에게 혜택을 베풀고, 또한 각국 국민에게 혜택을 베풀었다.

일부 사람은 여러 종류의 원인에서 출발하여 이 점을 공개적으로 인정하려 하지 않고, 일부 사람은 여전히 인민폐의 환율 · 세계 무역 균형 등 문제를 가지고 허황된 말을 하고 있다. 그러나 아마도 어느 엄숙한 정치가나 분석가도 용기를 가지고 나서서, 중국 경제 발전이 세계적인 범위에서 발생하는 긍정적 영향을 전면적으로 부정하고, 중국 경제 발전을 저지하는 정책적 주장을 큰 소리로 표현하지는 않을 것이다.

이러한 기본적 공통 인식은 아주 어렵게 이루어졌으며, 더욱이 중국의 국제적 지위가 대폭적으로 오르고 경제 총량과 상품 무역액의 순위가 세계 2위로 도약하는 배경 하에서는 그러하다.

아마 어떤 사람이, 중국 경제 발전의 세계 경제에 대한 촉진 역할은 분명한 것이고, 사실이 웅변을 능가한다고 말할 수 있을지 모른다. 그럼, 중국이 부단히 증강하는 국력을 이용하여 어느 주변국가를 능욕한 적이 있는가? 중국이 또한 세계 평화 안정을 위협하는 어떤 일을 한 적이 있는가? 평화 발전의 추구는 중국의 기본 국책이고, 마찬가지로 또한 중국의 오랫동안 확실한 현실적 행위이었다. 왜 중국 군사 위협론은 제거되지 않을 뿐만 아니라, 일부 다른 꿍꿍이가 있는 자의 선동 하에서 심지어 다소 대두하기도 하는가? 당연히 우리는 중국의 신속히 커지는 경제 실력이 일부 사람에게 주는 심리적 충격을 순진하게 경시할 수 없다. 각종 "위협론" 제조자의 관점에서 보면, 바로 강대한 경제 실력이 중국의 "세계에서 군림하는 야심"을 위해 가장 유력한 버팀목을 제공했다는 것이다. *

第二课

民营企业的海外投资

第二课 民营企业的海外投资

1. 원문 人民币国际化利好民企投资海外矿业

据郭建伟介绍，我国民营企业可使用境外人民币贷款，通过从境外金融机构当地分支行获得人民币融资，或是从境内金融机构当地代理网点间接获得人民币融资；企业还可利用人民币离岸市场，例如境外上市的股权融资·贷款发债的债务融资。

机遇犹存应共推人民币国际化

尽管国际矿产品价格的快速回升，使我国部分海外矿业并购陷入低谷，但专家认为我国海外矿业投资，尤其是民营企业的海外矿业投资机遇犹存。

首先，资源领域呈现新投资机遇。受国际金融危机及欧债危机影响，周期长·投入大的资源产业出现资金紧张局面，面对国际投资萎缩，海外吸引投资压力增大。中国民营企业在海外资源领域的投资仍受欢迎。

此外，国内已加大对民营企业"走出去"的政策支持。于2010年国家发布的«国务院关于鼓励和引导民间投资健康发展的若干意见»中，在支持民间投资的同时加大了对矿产资源投资的支持力度。此外，国务院及各大部委又相继出台一系列相关政策加以推动落实，为民企海外投资发展提供政策支持。

출처: 新华网 http://www.boxun.com/news/gb/finance/2012/11/201211052012.shtml

2. 발음 | mínyíng qǐyè de haǐwài tóuzī

rénmínbì guójìhuà lìhǎo mínqǐ tóuzī haǐwài kuàngyè

jù Guō Jiànwěi jièshào，wǒguó mínyíng qǐyè kě shǐyòng jìngwài rénmínbì dàikuǎn，tōngguò cóng jìngwài jīnróng jīgòu dāngdì fēnzhīháng huòdé rénmínbì róngzī，huòshì cóng jìngnèi jīnróng jīgòu dāngdì dàilǐ wǎngdiǎn jiānjiē huòdé rénmínbì róngzī；qǐyè hái kě lìyòng rénmínbì lí'àn shìchǎng，lìrú jìngwài shàngshì de gǔquán róngzī·dàikuǎn fāzhài de zhàiwù róngzī。

jīyù yóucún yīng gòng tuī rénmínbì guójìhuà

jìnguǎn guójì kuàngchǎnpǐn jiàgé de kuàisù huíshēng，shǐ wǒguó bùfen haǐwài kuàngyè bìnggòu xiànrù dīgǔ，dàn zhuānjiā rènwéi wǒguó haǐwài kuàngyè tóuzī，yóuqíshì mínyíng qǐyè de haǐwài kuàngyè tóuzī jīyù yóucún。

shǒuxiān，zīyuán lǐngyù chéngxiàn xīn tóuzī jīyù。shòu guójì jīnróng wēijī jí ōuzhài wēijī yǐngxiǎng，zhōuqī cháng·tóurù dà de zīyuán chǎnyè chūxiàn zījīn jǐnzhāng júmiàn, miànduì guójì tóuzī wěisuō, haǐwài xīyǐn tóuzī yālì zēngdà。zhōngguó mínyíng qǐyè zài haǐwài zīyuán lǐngyù de tóuzī réng shòu huānyíng。

cǐwài, guónèi yǐ jiādà duì mínyíng qǐyè "zǒuchūqù" de zhèngcè zhīchí。yú èr líng yī líng nián guójiā fābù de «guówùyuàn guānyú gǔlì hé yǐndǎo mínjiān tóuzī jiànkāng fāzhǎn de ruògān yìjiàn» zhōng, zài zhīchí mínjiān tóuzī de tóngshí jiādà le duì pòchǎn zīyuán tóuzī de zhīchí lìdù。cǐwài, guówùyuàn jí gè dà bùwěi yòu xiāngjì chūtái yíxìliè xiāngguān zhèngcè jiāyǐ tuīdòng luòshí, wèi mínqǐ haǐwài tóuzī fāzhǎn tígōng zhèngcè zhīchí。

3. 해설 민영 기업의 해외 투자

1) 民营企业的海外投资

mínyíng qǐyè de haǐwài tóuzī
민영 기업의 해외 투자

民营企业(mínyíng qǐyè) : 명 민영 기업.
民营(mínyíng) : 형 민영의. 민간인이 경영하는.
企业qǐyè) : 명 기업.
海外(haǐwài) : 명 해외. 국외. 외국.
投资(tóuzī) : 1. 동 (특정 목적을 위해) 투자하다. 자금을 투입하다.
2. 동 (기업에) 투자하다.
3. 명 (기업에 투자하는) 투자(금).

2) 人民币国际化利好民企投资海外矿业

rénmínbì guójìhuà lìhǎo mínqǐ tóuzī haǐwài kuàngyè
인민폐의 국제화는 민영 기업의 해외 광업 투자에 유리하다

人民币(rénmínbì) : 인민폐.
国际化(guójìhuà) : 동 국제화하다. → 국제화.
利好(lìhǎo) : 동 (…에) 유리하다.
명 호재.
民企(mínqǐ) : 民营企业(mínyíng qǐyè), 민영 기업.
矿业(kuàngyè) : 명 광업.
民企投资海外矿业 : 민영 기업이 해외 광업에 투자하다.
→ 민영 기업의 해외 광업 투자.

3) 据郭建伟介绍，我国民营企业可使用境外人民币贷款，通过从境外金融机构当地分支行获得人民币融资，或是从境内金融机构当地代理网点间接获得人民币融资；

jù Guō Jiànwěi jièshào, wǒguó mínyíng qǐyè kě shǐyòng jìngwài rénmínbì dàikuǎn, tōngguò cóng jìngwài jīnróng jīgòu dāngdì fēnzhīháng huòdé rénmínbì róngzī, huòshì cóng jìngnèi jīnróng jīgòu dāngdì dàilǐ wǎngdiǎn jiānjiē huòdé rénmínbì róngzī ;

궈 잰웨이의 설명에 의하면, 우리 나라 민영 기업은 해외 인민폐 대출을 사용하여, 관련 기관의 허가를 받아서 해외 금융기구의 현지 분점·지점으로부터 인민폐 융자를 얻거나, 혹은 국내 금융기구의 현지 대리점으로부터 인민폐 융자를 간접적으로 얻을 수 있고;

据(jù) : 1. 동 점유하다. 점거하다.
2. 동 의지하다. 기대다.
3. 개 …에 따르면. …에 의하면. …에 의거〔근거〕하여.

郭建伟(Guō Jiànwěi) : 궈 잰웨이. 〔사람의 이름〕

介绍(jièshào) : 1. 동 소개하다.
2. 동 설명하다. 안내하다.
3. 동 추천하다. 소개하다. 끌어들이다.

可(kě) : 1. 동 받아들이다. 동의하다.
2. 동 …해도 좋다. …할 수 있다.
3. 동 …할 만하다.
※ 본문에서 可는 조동사로서, 그의 본동사는 2개의 获得이며, 使用境外人民币贷款는 개사구로 쓰이고 있다.
그래서 可의 번역은 获得와 직접 연결시켜야 한다.

使用(shǐyòng) : 동 사용하다. 쓰다.

境外(jìngwài) : 명 경외. 국외. 나라 밖. 해외. 역외.

贷款(dàikuǎn) : 1. 동 (은행에서) 대부하다. 대출하다. 차입하다. 차관하다.
2. 명 대부금. 대여금.
3. 명 대부. 대출. 차입. 차관.

通过(tōngguò) : 1. 개 …을 거쳐. …에 의해. …를 통해.
2. 동 건너가다. 통과하다. 지나가다.

3. 동 (동의를 거쳐) 채택되다. 통과되다. 가결되다.
4. 동 (관계 기관 · 사람 등의) 동의나 비준을 얻다.
→ 관련 기관의 허가를 받다.

从(cóng) : 1. 동 따르다. 좇다.
2. 동 순종하다. 말을 듣다.
3. 동 참가하다. 종사하다. 뛰어들다.
4. 개 …부터. …을 기점으로.
5. 개 …을. 〔장소를 나타내는 말 앞에 쓰여 경과함을 나타냄〕
6. 개 …에 의거하여. 〔동작 · 행위를 유발하는 근거를 나타냄〕
7. 동 …하도록 하다. 〔어떤 방침이나 태도를 취함〕
8. 형 종속적인. 부차적인. 이차적인.
9. 형 친족의. 사촌의.

金融(jīnróng) : 명 금융.

机构(jīgòu) : 명 기구. 〔기관 · 단체 등의 업무 단위 혹 내부 조직〕

当地(dāngdì) : 명 현지. 현장. 그 지방〔고장〕. 그곳.

分行(fēnháng) : 명 (은행 · 기관 등의) 분점.

支行(zhīháng) : 명 (은행의) 지점. 출장소.

分支行(fēnzhīháng) : 분점 · 지점.

获得(huòdé) : 동 얻다. 취득하다. 획득하다. 손에 넣다.

融资(róngzī) : 1. 동 융자하다.
2. 명 융자.

或是(huòshì) : 접 …이거나 혹은 …이다. …이 아니면 …이다.

境内(jìngnèi) : 명 경내. 국내. 나라 안.

代理(dàilǐ) : 동 대리하다. 대신하다. 대행하다. → 대리.

网点(wǎngdiǎn) : 명 점포망. 판매망. 서비스 망.

代理网点 : 대리점. 대리지점. 대리 판매망.

间接(jiànjiē) : 형 간접적인.

4) 企业还可利用人民币离岸市场，例如境外上市的股权融资·贷款发债的债务融资。

qǐyè hái kě lìyòng rénmínbì lí'àn shìchǎng, lìrú jìngwài shàngshì de gǔquán róngzī · dàikuǎn fāzhài de zhàiwù róngzī。

기업은 또한 인민폐의 역외시장을 이용할 수 있고, 예로 해외상장의 주주권 융자와 대출·채권발행의 채무 융자이다.

还(hái)：1. 부 또. 또한. 더. 게다가. 〔더 증가하거나 보충됨을 나타냄〕
2. 부 여전히. 아직도. 아직. 〔동작이나 상태가 지속됨을 나타냄〕
3. 부 더. 더욱. 〔比와 함께 쓰여 비교의 정도가 심함을 나타냄〕
4. 부 …도. …조차. …까지도. 그래도. 그럼에도 불구하고. 〔앞 구절에 쓰여 배경을 깔고, 다음 구절에서 추론함〕
5. 부 그만하면. 그런대로. 그럭저럭. 꽤. 비교적. 〔형용사 앞에 쓰여 억지로 어떤 정도에 다다름을 나타냄〕
6. 부 일찍이. 벌써. 이미. 〔벌써부터 이러함을 나타냄〕

离岸市场(lí`àn shìchǎng)：역외(域外)시장. 오프쇼어 시장(Off−Shore Market).

例如(lìrú)：동 예〔보기〕를 들다. 예를 들면. 예컨대.

境外上市(jìngwài shàngshì)：해외상장.

上市(shàngshì)：동 상장(上场)되다.

股权(gǔquán)：명 주주권.

境外上市的股权融资：해외상장의 주주권 융자.

发债(fāzhài)：채권을 발행하다. → 채권발행.

债务(zhàiwù)：명 채무. 부채.

贷款发债的债务融资：대출·채권발행의 채무 융자.

5) 机遇犹存应共推人民币国际化

jīyù yóu cún yīng gòng tuī rénmínbì guójìhuà

호기는 여전히 남아 있어 인민폐의 국제화는 반드시 공동으로 추진해야 한다.

机遇(jīyù)：명 (좋은) 기회. 찬스. 시기. 호기.

犹(yóu)：1. 동 마치 …와〔과〕 같다.

2. 부 아직. 여전히.

存(cún)：1. 동 생존하다. 존재하다. 있다.

2. 동 보존하다. 저장하다.

3. 동 저축하다. 모으다.

犹存(yóu cún)：여전히(아직) 남아 있다.

应共推：应该共同推动, 반드시 공동으로 추진해야 하다.

应该(yīnggaī)：동 (반드시) …해야 한다. (반드시) …할 것이다. 1-5.

共同(gòngtóng)：1. 형 공동의. 공통의.

2. 부 공동으로. 함께. 다 같이. 더불어.

推动(tuīdòng)：동 추진하다. 촉진하다. 나아가게 하다. 조장하다.

6) 尽管国际矿产品价格的快速回升，使我国部分海外矿业并购陷入低谷，但专家认为我国海外矿业投资，尤其是民营企业的海外矿业投资机遇犹存。

jìnguǎn guójì kuàngchǎnpǐn jiàgé de kuàisù huíshēng, shǐ wǒguó bùfen haǐwài kuàngyè bìnggòu xiànrù dīgǔ, dàn zhuānjiā rènwéi wǒguó haǐwài kuàngyè tóuzī, yóuqíshì mínyíng qǐyè de haǐwài kuàngyè tóuzī jīyù yóu cún。

비록 국제 광산품 가격의 빠른 반등이 우리 나라 일부 해외 광업의 인수합병으로 하여금 최저점에 떨어지게 하지만, 그러나 전문가는 우리 나라 해외 광업 투자 특히 민영 기업의 해외 광업 투자의 호기는 여전히 남아 있다고 생각한다.

尽管(jìnguǎn)：접 비록〔설령〕 …라 하더라도. …에도 불구하고.

国际(guójì)：1. 명 국제.

2. 형 국제의. 국제적인.

矿产品(kuàngchǎnpǐn)：명 광산품.

价格(jiàgé)：명 가격. 값.

快速(kuàisù)：형 신속하다. 빠르다. 쾌속의.

回升(huíshēng)：동 다시 상승하다〔오르다〕. 반등(反腾)하다. → 반등. 상승. 호전.

使(shǐ) : 동 (…에게) …시키다. …하게 하다.
部分(bùfen) : 명 (전체 중의) 부분. 일부(분).
并购(bìnggòu) : 동 인수합병하다. → 인수합병.
陷入(xiànrù) : 1. 동 (불리한 지경에) 빠지다. 떨어지다.
2. 동 몰두하다. 몰입하다. 열중하다. 전념하다.
低谷(dīgǔ) : 명 최저점. 바닥세. 밑바닥. 낮은 골짜기.
专家(zhuānjiā) : 명 전문가.
认为(rènwéi) : 동 여기다. 생각하다. 보다. 인정하다.
尤其是(yóuqíshì) : 尤其(yóuqí), 부 더욱이. 특히. 1-8.

7) 首先，资源领域呈现新投资机遇。
shǒuxiān, zīyuán lǐngyù chéngxiàn xīn tóuzī jīyù。
먼저, 자원 영역에는 새로운 투자 호기가 나타났다.

首先(shǒuxiān) : 부 가장 먼저. 맨 먼저. 우선. 무엇보다 먼저.
资源(zīyuán) : 명 자원.
领域(lǐngyù) : 명 분야. 영역.
呈现(chéngxiàn) : 동 나타나다. 드러나다. 양상을 띠다.

8) 受国际金融危机及欧债危机影响，周期长·投入大的资源产业出现资金紧张局面，面对国际投资萎缩，海外吸引投资压力增大。
shòu guójì jīnróng wēijī jí ōuzhài wēijī yǐngxiǎng, zhōuqī cháng · tóurù dà de zīyuán chǎnyè chūxiàn zījīn jǐnzhāng júmiàn, miànduì guójì tóuzī wěisuō, haǐwài xīyǐn tóuzī yālì zēngdà。
국제금융위기와 유럽연합 채무위기의 영향을 받아, 주기가 길고 자금투입이 큰 자원 산업에서는 자금의 긴장 국면이 나타났고, 국제 투자의 위축에 직면했고, 해외 투자 유치의 압력이 증대했다.

受(shòu)：1. 동 받다. 받아들이다.
2. 동 참다. 견디다.
3. 동 당하다. 입다. 받다. 〔피동형으로 쓰임〕
危机(wēijī)：명 위기. 위험한 고비.
国际金融危机(guójì jīnróng wēijī)：(2008년) 국제금융위기.
欧(ōu)：명 유럽. 유럽 대륙. → 유럽연합(EU).
债(zhài)：1. 명 빚. 부채.
2. 명 대가.
欧债危机(ōuzhài wēijī)：유럽연합(EU) 채무위기.
周期(zhōuqī)：명 주기.
投入(tóurù)：명 (자금 등을) 투입하다. 넣다. 투자하다. → 자금투입.
产业(chǎnyè)：명 산업. 공업. 부동산.
出现(chūxiàn)：1. 동 출현하다. 나타나다.
2. 동 만들어 내다. 생산해 내다. 나오다.
紧张(jǐnzhāng)：형 (정신적으로) 긴장해 있다. 불안하다. → 긴장.
局面(júmiàn)：명 국면. 형세. 양상.
萎缩(wěisuō)：형 (몸 · 신체 기관이) 위축되다. 움츠러들다. (기능이) 쇠퇴하다.
吸引(xīyǐn)：동 유치〔유인〕하다. 흡인하다. 빨아〔끌어〕당기다. 매료〔매혹〕시키다.
压力(yālì)：명 (주로 정신적 · 심리적인) 스트레스. 압력.
海外吸引投资：해외에서 투자를 유치하다. → 해외 투자 유치.
海外吸引投资压力：해외 투자 유치의 압력.
增大(zēngdà)：동 증대하다. 확대하다. 늘리다.

9) 中国民营企业在海外资源领域的投资仍受欢迎。
zhōngguó mínyíng qǐyè zài haǐwài zīyuán lǐngyù de tóuzī réng shòu huānyíng。
중국 민영 기업의 해외자원 영역에서의 투자는 여전히 환영을 받는다.

仍(réng)：부 여전히. 아직도. 1-6.
欢迎(huānyíng)：동 환영하다. 환영받다. → 환영.

10) 此外，国内已加大对民营企业“走出去”的政策支持。

cǐwài, guónèi yǐ jiādà duì mínyíng qǐyè “zǒuchūqù” de zhèngcè zhīchí。

이 밖에, 국내에서는 민영 기업의 '세계화'에 대한 정책적 지지를 이미 확대했다.

此外(cǐwài)：명 이외에. 이 밖에.

国内(guónèi)：명 국내.

已(yǐ)：1. 동 그치다. 끝나다. 멎다. 멈추다. 정지하다. 중지하다.

2. 부 이미. 벌써.

3. 부 나중에. 이후에. 뒤에. 다음에.

加大(jiādà)：동 (수량 · 정도를) 확대하다. 늘리다. 더하다. 증가하다. 증대하다.

对(duì)：1. 개 …에게. …을 향하여.

2. 개 …에 대해(서). …에 대하여.

走出去(zǒuchūqù)：밖으로 나가다. 걸어나가다. → 진행해 나가다. 진출.

走出去战略(zǒuchūqù zhànlüè)：1. 중국 정부에서 추진하는 '세계화 전략'.

2. 출구 전략.

对民营企业“走出去”的：민영 기업의 '진출〔세계화〕'에 대한.

政策(zhèngcè)：명 정책. 1-7.

支持(zhīchí)：동 지지하다. 지탱하다. 견디다. → 지지.

政策支持：정책적 지지.

11) 于2010年国家发布的«国务院关于鼓励和引导民间投资健康发展的若干意见»中，在支持民间投资的同时加大了对矿产资源投资的支持力度。

yú èr líng yī líng nián guójiā fābù de «guówùyuàn guānyú gǔlì hé yǐndǎo mínjiān tóuzī jiànkāng fāzhǎn de ruògān yìjiàn» zhōng, zài zhīchí mínjiān tóuzī de tóngshí jiādà le duì pòchǎn zīyuán tóuzī de zhīchí lìdù。

2010년에 국가가 선포한 〈민간 투자의 건전한 발전을 장려 · 유도하는 것에 관한 국무원의 몇 가지 의견〉 중에서, 민간 투자를 지지하는 동시에 광산 자원 투자에 대한 지지 역량을 증대했다.

于(yú) : 1. 개 …에. …에서. 〔공간, 범위, 시간에 쓰임〕
2. 개 …에. …에게. 〔대상에 쓰임〕
3. 개 …에. …에 대해. 〔대상에 쓰임〕

发布(fābù) : 동 선포하다. 발포하다.

国务院(guówùyuàn) : 명 중화인민공화국 국무원. 〔중국의 최고 행정 기관〕

关于(guānyú) : 개 …에 관한. …에 관해서〔관하여〕.

鼓励(gǔlì) : 동 장려하다. 격려하다.

引导(yǐndǎo) : 1. 동 유도하다. 안내하다. 지도하다. 교도하다.
2. 동 인솔하다. 이끌다. 인도하다.

民间(mínjiān) : 명 민간. 비공식적. 사적.

健康(jiànkāng) : 형 (사물의 상태가) 건전하다. 건강하다. 정상이다. → 건전한.

鼓励和引导民间投资健康发展 : 민간 투자의 건전한 발전을 장려하고 유도하다.

关于鼓励和引导民间投资健康发展的 : 민간 투자의 건전한 발전을 장려 · 유도하는 것에 관한.

若干(ruògān) : 대 약간. 조금. 소량. → 몇 가지.

意见(yìjiàn) : 명 견해. 의견.

同时(tóngshí) : 1. 명 동시. 같은 시간. 동일한 시기. 같은 때.
2. 부 동시에.
3. 동 시간을 같이하다. 시기(시대)를 같이하다. 동시이다.

在支持民间投资的同时 : 민간 투자를 지지하는 동시에.

矿产(kuàngchǎn) : 명 광산물.

矿产资源(kuàngchǎn zīyuán) : 명 광산 자원.

力度(lìdù) : 1. 명 역량. 힘의 세기. 힘. 도(度).
2. 명 공력의 심도〔깊이〕. 내포된 뜻의 심도.
3. 명 (악곡에서 음량 변화의) 강약.

12) 此外，国务院及各大部委又相继出台一系列相关政策加以推动落实，为民企海外投资发展提供政策支持。

cǐwài, guówùyuàn jí gè dà bùwěi yòu xiāngjì chūtái yíxìliè xiāngguān zhèngcè jiāyǐ tuīdòng luòshí, wèi mínqǐ haǐwài tóuzī fāzhǎn tígōng zhèngcè zhīchí。

이외에, 국무원과 여러 큰 부와 위원회는 또한 일련의 관련 정책을 잇따라 제기하며 구체화를 추진하고, 민영 기업의 해외투자 발전을 위해 정책적 지지를 제공했다.

各(gè)：1. 대 각. 여러. 갖가지. 여러 가지.
　　2. 부 각자. 각기. 각각. 저마다.

部委(bùwěi)：명 (중국 국무원 산하의) 각 부와 각 위원회.

相继(xiāngjì)：부 잇따라. 연이어. 계속해서. 줄지어.

出台(chūtái)：동 (정책이나 조치 등을) 정식으로 제기하다. 정식으로 공포하다.

一系列(yíxìliè)：형 일련의. 연속의.

相关(xiāngguān)：동 상관이〔관계가〕 있다. 서로 관련〔연관〕되다. 상관되다.

加以(jiāyǐ)：1. 동 …을 가하다. …하다.
　　2. 접 게다가. …한데다가. 그 위에.

落实(luòshí)：동 실현되다. 구체화되다. 실현시키다. 구체화하다. → 구체화.

加以推动落实：구체화를 추진하다.

提供(tígōng)：동 제공하다. 공급하다. 내놓다. 1-15. *

4. 번역 민영 기업의 해외 투자

인민폐의 국제화는 민영 기업의 해외 광업 투자에 유리하다

궈 잰웨이의 설명에 의하면, 우리 나라 민영 기업은 해외 인민폐 대출을 사용하여, 관련 기관의 허가를 받아서 해외 금융기구의 현지 분점 · 지점으로부터 인민폐 융자를 얻거나, 혹은 국내 금융기구의 현지 대리점으로부터 인민폐 융자를 간접적으로 얻을 수 있고; 기업은 또한 인민폐의 역외시장을 이용할 수 있고, 예로 해외상장의 주주권 융자와 대출 · 채권발행의 채무 융자이다.

호기는 여전히 남아 있어 인민폐의 국제화는 반드시 공동으로 추진해야 한다.

비록 국제 광산품 가격의 빠른 반등이 우리 나라 일부 해외 광업의 인수합병으로 하여금 최저점에 떨어지게 하지만, 그러나 전문가는 우리 나라 해외 광업 투자 특히 민영 기업의 해외 광업 투자의 호기는 여전히 남아 있다고 생각한다.

먼저, 자원 영역에는 새로운 투자 기회가 나타났다. 국제금융위기와 유럽연합 채무위기의 영향을 받아, 주기가 길고 자금투입이 큰 자원 산업에서는 자금의 긴장 국면이 나타났고, 국제 투자의 위축에 직면했고, 해외 투자 유치의 압력이 증대했다. 중국 민영 기업의 해외자원 영역에서의 투자는 여전히 환영을 받는다.

이 밖에, 국내에서는 민영 기업의 '세계화'에 대한 정책적 지지를 이미 확대했다. 2010년에 국가가 선포한 〈민간 투자의 건전한 발전을 장려 · 유도하는 것에 관한 국무원의 몇 가지 의견〉 중에서, 민간 투자를 지지하는 동시에 광산 자원 투자에 대한 지지 역량을 증대했다. 이외에, 국무원과 여러 큰 부와 위원회는 또한 일련의 관련 정책을 잇따라 제기하며 구체화를 추진하고, 민영 기업의 해외투자 발전을 위해 정책적 지지를 제공했다. *

第三课

外贸发展目标

第三课 外贸发展目标

1. 원문 全年外贸增长或将前低·中稳·后高

从市场结构来看，对金砖国家和其他一些新兴国家的出口继续保持良好的发展势头。1至4月，我国对俄罗斯出口增长14.3%，对巴西增长13.3%，对泰国增长20%，对印尼增长11.3%。

海关数据显示，4月份当月我国贸易顺差达到184.2亿美元。

沈丹阳说，一季度，我国贸易顺差累计只有6.7亿美元，是十几年来同一时期贸易顺差规模最小的，这表明外贸进出口已经进一步趋于平衡。4月份顺差突然大幅度的增长具有一定的偶然性，主要是受到进口价格下降等因素的影响，并不代表全年的趋势。

他表示，今年全年外贸可能会是基本平衡，略有顺差，顺差幅度会比去年进一步受窄。今后几个月进出口可能将呈现在平衡线上下波动的情况，个别月顺差，个别月逆差，都是正常的。

在回答有关全年外贸走势的提问时，沈丹阳说，只要落实好稳定外贸增长的政策，努力做好工作，我们仍然有信心并且有希望实现全年预定的外贸发展目标。

출처: 中国网 http://finance.china.com.cn/roll/20120515/724043.shtml

2. 발음 wàimào fāzhǎn mùbiāo

quánnián wàimào zēngzhǎng huò jiāng qián dī · zhōng wěn · hòu gāo

cóng shìchǎngjiégòu lái kàn, duì jīnzhuān guójiā hé qítā yìxiē xīnxīng guójiā de chūkǒu jìxù bǎochí liánghǎo de fāzhǎn shìtóu。yī zhì sì yuè, wǒguó duì éluósī chūkǒu zēngzhǎng bǎifēnzhī shí sì diǎn sān, duì bāxī zēngzhǎng bǎifēnzhī shí sān diǎn sān, duì tàiguó zēngzhǎng bǎifēnzhī èr shí, duì yìnní zēngzhǎng bǎifēnzhī shí yī diǎn sān。

haǐguān shùjù xiǎnshì, sì yuèfèn dāngyuè wǒguó màoyì shùnchā dádào yī bǎi bā shí sì diǎn èr yì měiyuán。

Shěn Dānyáng shuō, yī jìdù, wǒguó màoyì shùnchā lèijì zhǐyǒu liù diǎn qī yì měiyuán, shì shí jǐ nián lái tóngyī shíqī màoyì shùnchā guīmó zuìxiǎo de, zhè biǎomíng wàimào jìnchūkǒu yǐjīng jìnyíbù qūyú pínghéng。sì yuèfèn shùnchā tūrán dàfúdù de zēngzhǎng jùyǒu yídìng de ǒuránxìng，zhǔyào shì shòudào jìnkǒu jiàgé xiàjiàng děng yīnsù de yǐngxiǎng，bìng bú dàibiǎo quánnián de qūshì。

tā biǎoshì，jīnnián quánnián wàimào kěnéng huì shì jīběn pínghéng，lüè yǒu shùnchā，shùnchā fúdù huì bǐ qùnián jìnyíbù shòuzhǎi。jīnhòu jǐgèyuè jìnchūkǒu kěnéng jiāng chéngxiàn zài pínghéngxiàn shàngxià bōdòng de qíngkuàng，gèbié yuè shùnchā，gèbié yuè nìchā，dōu shì zhèngcháng de。

zài huídá yǒuguān quánnián wàimào zǒushì de tíwèn shí，Shěn Dānyáng shuō，zhǐyào luòshí hǎo wěndìng wàimào zēngzhǎng de zhèngcè，nǔlì zuòhǎo gōngzuò，wǒmen réngrán yǒu xìnxīn bìngqiě yǒu xīwàng shíxiàn quánnián yùdìng de wàimào fāzhǎn mùbiāo。

3. 해설 대외무역의 발전 목표

1) 外贸发展目标

wàimào fāzhǎn mùbiāo
대외무역의 발전 목표

外贸(wàimào) : 명 대외무역(对外贸易, duìwài màoyì).
发展(fāzhǎn) : 발전. 1-7.
目标(mùbiāo) : 명 목표. 목적물. 표적.

2) 全年外贸增长或将前低·中稳·后高

quánnián wàimào zēngzhǎng huò jiāng qián dī · zhōng wěn · hòu gāo
연간 대외무역의 성장은 아마도 장차 전기 저조 · 중기 안정 · 후기 고조일 것이다

全年(quánnián) : 한 해 전체. 연간.
增长(zēngzhǎng) : 동 성장하다. 증가하다. 향상시키다. 신장하다. → 성장.
全年外贸增长 : 연간 대외무역의 성장(률).
或(huò) : 1. 부 혹시. 아마도. 어쩌면.
2. 접 혹은. 또는. 그렇지 않으면.
3. 대 어떤 사람. 아무개. 혹자. 모인(某人).
将(jiāng) : 1. 부 …하게 될 것이다. …일 것이다. 〔미래에 대한 판단을 나타냄〕
2. 부 장차. 곧. 막.
3. 동 돕다. 부축하다.
4. 개 …(으)로써.
5. 개 …을. 〔주로 문어에 쓰임〕

前(qián)：1. 명 (공간에서의) 바로 앞. 정면.
2. 명 (방위 · 순서 · 시간의) 앞. → 전기(前期).
3. 명 과거. 종전.
低(dī)：1. 형 (높이 · 등급 · 정도 · 소리 · 지대가) 낮다. 뒤떨어지다.
2. 동 (머리를) 숙이다.
前低：전기는 낮다. → 전기 저조(低潮).
中(zhōng)：1. 명 한가운데. 중심. 중앙. 복판.
2. 명 (위치의) 중간. → 중기(中期).
3. 명 (성질 · 등급의) 중간. 중급.
4. 명 중국. 中国(zhōngguó)의 약칭.
稳(wěn)：1. 형 안정되다. 확고하다. 튼튼하다. 움직이지 않다. 고정되다.
2. 형 평온하다.
3. 형 확실하다. 틀림없다.
4. 형 침착하다. 신중하다. 진중하다.
5. 동 안정되게 하다. 진정시키다. 가라앉히다.
中稳：중기는 안정적이다. → 중기 안정(安定).
后(hòu)：1. 형 (시간상으로) 뒤의. 후의. 다음의. 미래의. → 후기(後期).
2. 형 (순서상으로) 뒤의. 후의. 말미의.
3. 명 후대. 자손. 자식. 후계자.
高(gāo)：높다.
后高：후기는 높다. → 후기 고조(高潮).

3) 从市场结构来看，对金砖国家和其他一些新兴国家的出口继续保持良好的发展势头。

cóng shìchǎng jiégòu lái kàn, duì jīnzhuān guójiā hé qítā yìxiē xīnxīng guójiā de chūkǒu jìxù bǎochí liánghǎo de fāzhǎn shìtóu。

시장의 구조에서 보면, BRICS와 다른 몇몇 신흥국가에 대한 수출이 양호한 발전적 형세를 계속 유지했다.

从(cóng)：개 …부터. …에서. …을 기점으로. 2-3.

来看(láikàn)：…에서 보면, …에게 있어서.

市场(shìchǎng)：1. 명 시장. 〔상품을 거래하는 장소〕
2. 명 시장. 〔상품의 유통 영역〕
3. 명 상품의 판로.

结构(jiégòu)：1. 명 구성. 구조. 조직. 짜임새.
2. 명 구조. 구조물.
3. 동 (글 · 줄거리 등을) 안배하다. 짜다. 꾸미다. 배치하다.

对(duì)：…에 대한. …에 대해서. 2-10.

金砖(jīnzhuān)：명 골드 바(gold bar). 벽돌 모양의 금괴.

金砖国家(jīnzhuān guójiā)：원래 金砖四国(BRICs) 브라질, 러시아, 인도, 중국 등 4개 국가와 이후 남아프리카공화국의 가입으로 BRICS를 칭함.

其他(qítā)：대 (사람 · 사물에 쓰여) 기타. 다른 사람〔사물〕. 그 밖. 그 외.

一些(yìxiē)：양 약간. 조금. 얼마간. 몇. 몇몇.

新兴(xīnxīng)：형 신흥의. 새로 일어난.

新兴国家(xīnxīng guójiā)：신흥국가.

出口(chūkǒu)：1. 동 말을 꺼내다. 말을 하다.
2. 동 수출하다. → 수출.
3. 명 출구.

继续(jìxù)：1. 동 계속하다. 끊임없이 하다. → 계속적으로. 계속해서.
2. 명 연속. 계속. 속편.

保持(bǎochí)：동 (지속적으로) 유지하다. 지키다. 보지하다.

良好(liánghǎo)：형 좋다. 양호하다. 훌륭하다. 만족할 만하다.

势头(shìtóu)：명 정세. 형세. 추세. 기미. 세력. 기세.

良好的发展势头：양호한 발전적 형세.

4) 1至4月，我国对俄罗斯出口增长14.3%，对巴西增长13.3%，对泰国增长20%，对印尼增长11.3%。

yī zhì sì yuè, wǒguó duì éluósī chūkǒu zēngzhǎng bǎifēnzhī shí sì diǎn sān, duì bāxī zēngzhǎng bǎifēnzhī shí sān diǎn sān, duì tàiguó zēngzhǎng bǎifēnzhī èr shí, duì yìnní zēngzhǎng bǎifēnzhī shí yī diǎn sān。

1월부터 4월까지, 우리 나라의 러시아에 대한 수출은 14.3% 성장했고, 브라질에 대해서는 13.3% 성장했고, 태국에 대해서는 20% 성장했고, 인도네시아에 대해서는 11.3% 성장했다.

至(zhì)：동 …까지 미치다. …에 이르다〔도달하다〕. …의 정도에 이르다.

俄罗斯(éluósī)：명 러시아. 제정러시아. 소련.

巴西(bāxī)：명 브라질.

泰国(tàiguó)：명 태국.

印尼(yìnní)：명 인도네시아.

5) 海关数据显示，4月份当月我国贸易顺差达到184.2亿美元。

haǐguān shùjù xiǎnshì, sì yuèfèn dāngyuè wǒguó màoyì shùnchā dádào yī bǎi bā shí sì diǎn èr yì měiyuán。

세관의 데이터에 의하면, 4월 당월 우리 나라 무역의 흑자는 184억 2천만 달러에 도달했다.

海关(haǐguān)：명 세관.

数据(shùjù)：명 데이터(data). (실험 · 설계 · 계획 등에 필요한) 통계 수치.

显示(xiǎnshì)：1. 동 뚜렷하게 나타내 보이다. 내보이다. 보여주다.
2. 동 과시하다. 자랑하다. 나타내다.

海关数据显示：세관의 데이터는 …를 보여주다. → 세관의 데이터에 의하면.

月份(yuèfèn)：명 월. 달. 〔어느 한 달을 가리킴〕

当月(dāngyuè)：명 그달. 당월. 같은 달.

顺差(shùnchā)：명 (국제 무역 수지에서) 흑자.

达到(dádào)：동 도달하다. 도착하다. 이르다.

亿(yì)：1. 〔수〕 억.
2. 〔수〕 (고대의) 10만.
美元(měiyuán)：명 (미국) 달러(dollar).

6) 沈丹阳说，一季度，我国贸易顺差累计只有6.7亿美元，是十几年来同一时期贸易顺差规模最小的，这表明外贸进出口已经进一步趋于平衡。

Shěn Dānyáng shuō, yī jìdù, wǒguó màoyì shùnchā lèijì zhǐyǒu liù diǎn qī yì měiyuán, shì shí jǐ nián lái tóngyī shíqī màoyì shùnchā guīmó zuìxiǎo de, zhè biǎomíng wàimào jìnchūkǒu yǐjīng jìnyíbù qūyú pínghéng。

션단양에 의하면, 1/4분기 우리 나라 무역의 흑자 누계는 단지 6억 7천만 달러로, 10여 년 동안 동일 시기 무역의 흑자 규모가 가장 작은 것이고, 이것은 대외무역의 수출입이 이미 더욱 균형이 잡히는 것을 나타낸다.

沈丹阳(Shěn Dānyáng)：명 션단양. 〔당시 상무부 대변인〕
季度(jìdù)：명 사분기(四分期). 분기.
累计(lèijì)：동 누계하다. 합계하다. → 누계.
只有(zhǐyǒu)：1. 동 …만 있다. …밖에 없다.
2. 접 …해야만 …이다.
〔필요 조건을 나타내며 흔히 才·方 등과 호응함〕
十几年来(shí jǐ nián lái)：10여 년 동안.
同一(tóngyī)：형 동일하다. 일치하다.
时期(shíqī)：명 (특정한) 시기.
规模(guīmó)：명 규모. 형태. 범위. 영역.
最小(zuìxiǎo)：형 최소이다. 가장〔제일〕 작다.
表明(biǎomíng)：동 분명하게 밝히다. 표명하다.
进出口(jìnchūkǒu)：1. 동 수출입하다. → 수출입.
2. 명 출입구.
已经(yǐjīng)：부 이미. 벌써.

进一步(jìnyíbù)：1. 부 (한 걸음 더) 나아가. 진일보하여. → 더욱.
2. 동 진일보하다. 한 걸음 나아가다.

趋于(qūyú)：동 …로 향하다. …로 기울어지다. …해지다.

平衡(pínghéng)：균형. 균형이 잡히다. 균형이 맞다. 1-6.

趋于平衡：균형이 잡히다. 균형으로 향하다. 균형이 맞게 되다.

7) 4月份顺差突然大幅度的增长具有一定的偶然性，主要是受到进口价格下降等因素的影响，并不代表全年的趋势。

sì yuèfèn shùnchā tūrán dàfúdù de zēngzhǎng jùyǒu yídìng de ǒuránxìng, zhǔyào shì shòudào jìnkǒu jiàgé xiàjiàng děng yīnsù de yǐngxiǎng, bìng bú dàibiǎo quánnián de qūshì。

4월 흑자의 갑작스런 대폭적 성장에는 어느 정도의 우연성을 갖고 있고, 수입 가격 하락 등 요인의 영향을 주로 받았고, 한 해 전체의 추세를 대표하지는 않는다.

突然(tūrán)：부 갑자기. 문득. 난데없이. 느닷없이. 돌연히. → 갑작스런. 뜻밖의.

大幅度(dàfúdù)：형 대폭적(인).

具有(jùyǒu)：동 있다. 가지다. 지니다. 구비하다. 〔주로 추상적인 사물에 쓰임〕

一定(yídìng)：형 어느 정도의. 상당한. 꽤. 필연적인. 일정한. 규칙적인. 특정한.

偶然性(ǒuránxìng)：명 우연성.

主要(zhǔyào)：1. 형 주요한. 주된.
2. 부 주로. 대부분.

受到(shòudào)：동 받다. 얻다. 만나다. 부딪치다. 견디다. 당하다. 입다.

进口(jìnkǒu)：1. 동 수입하다. → 수입.
2. 동 (배가) 입항하다.
3. 명 입구.

下降(xiàjiàng)：1. 동 하강하다. 내리다. 하락하다. → 하강. 하락.
2. 동 (정도가) 떨어지다. 낮아지다. (수량이) 줄어들다.

等(děng)：1. 명 등급.
2. 동 기다리다.
3. 동 (…까지) 기다리다.
4. 조 등. 따위.

因素(yīnsù)：1. 명 (구성) 요소. 성분.
2. 명 (사물이 발전하는) 원인. 요인. 조건. 요소.

并(bìng)：1. 동 병렬하다. 나란히 하다. 가지런히 하다.
2. 부 함께. 같이. 동시에.
3. 부 결코. 전혀. 조금도. 그다지. 별로.
4. 접 그리고. 또. 아울러. 게다가.

并不(bìngbù)：부 결코 ……지 않다.

代表(dàibiǎo)：동 대표하다. 대신하다. 대리하다. 표시하다. 나타내다.

趋势(qūshì)：명 추세.

8) 他表示，今年全年外贸可能会是基本平衡，略有顺差，顺差幅度会比去年进一步受窄。

tā biǎoshì, jīnnián quánnián wàimào kěnéng huì shì jīběn pínghéng, lüè yǒu shùnchā, shùnchā fúdù huì bǐ qùnián jìnyíbù shòuzhǎi。

그의 의견에 의하면, 금년 연간 대외무역은 아마도 기본적으로 균형이 맞을 것이고, 흑자가 조금 있고, 흑자 폭은 작년보다 더욱 곤경에 처할 것이다.

表示(biǎoshì)：1. 동 의미하다. 가리키다.
2. 동 (언행으로 사상 · 감정 등을) 나타내다. 표시하다. 표명하다.
3. 명 (사상 · 감정 등을 나타내는) 표정. 기색. 동작. 태도.

他表示：그는 …라고 (의견을) 나타내다. → 그의 의견에 의하면.

可能(kěnéng)：1. 형 가능하다.
2. 명 가능성. 가망.
3. 부 아마도. 아마 (…일지도 모른다). 어쩌면.

会(huì)：…할 가능성이 있다. …할 것이다. 1-9.

基本(jīběn)：기본적으로. 대체로. 거의. 1-12.

可能会是基本平衡：아마도 기본적으로 균형이 맞을 것이다.

略有(lüè yǒu)：약간〔얼마간, 조금〕…이 있다.

幅度(fúdù)：1. 명 정도. 폭. 너비.
2. 명 〔비유〕 사물의 변동 폭.

比(bǐ) : 1. 동 비교하다. 재다. 겨루다.
2. 동 (…에) 비할 수 있다. 견줄 수 있다.
3. 동 손짓하다.
4. 동 닮게 하다. 본뜨다. 모방하다. (…에) 맞추다.
5. 동 예를 들다. 비유하다.
6. 동 두 개의 수를 서로 비교하다. 〔'3 : 5'는 '三比五'라고 읽음〕
7. 개 …에 비해. …보다. 〔모양이나 정도의 차이를 비교하는 데에 쓰임〕
8. 명 〔수학〕 비. 비율.
9. 명 (경기에서의) 대.

去年(qùnián) : 명 작년.

受窄(shòuzhǎi) : 동 곤란을 당하다. 궁지에 빠지다. 곤경에 처하다.

窄(zhǎi) : 1. 형 협소하다. (폭이) 좁다.
2. 형 (마음이) 좁다. 옹졸하다. (도량이) 작다.
3. 형 궁하다. 곤궁하다. 가난하다.

9) 今后几个月进出口可能将呈现在平衡线上下波动的情况，个别月顺差，个别月逆差，都是正常的。

jīnhòu jǐ ge yuè jìnchūkǒu kěnéng jiāng chéngxiàn zài pínghéngxiàn shàngxià bōdòng de qíngkuàng, gèbié yuè shùnchā, gèbié yuè nìchā, dōu shì zhèngcháng de。

이후 몇 개월 동안 수출입이 아마도 평행선에서 위아래로 오르내리는 상황을 장차 나타낼 것이고, 몇 달은 흑자이고, 몇 달은 적자이며, 모두가 정상적인 것이다.

今后(jīnhòu) : 명 금후. 이후. 앞으로. 지금 이후부터.

几个月(jǐ ge yuè) : 몇 개월 동안.

呈现(chéngxiàn) : 나타나다. 드러나다. 양상을 띠다. 2-6.

平衡线(pínghéngxiàn) : 명 평행선.

上下(shàngxià) : 1. 동 오르내리다. → 오르락내리락. 위아래로.
2. 명 위에서부터 아래까지.
3. 명 지위가 높은 사람과 낮은 사람. 위아래.

4. 명 (사물의) 상부와 하부. 위와 아래. 위아래.
5. 명 (수량사 뒤에 쓰여, 그 숫자의) 내외. 즈음. 쯤. 안팎. 가량.
6. 명 (정도의) 좋고 나쁨. 높고 낮음. 우열.

波动(bōdòng) : 1. 동 오르내리다. 기복이 있다. 흔들리다.
2. 명 파동.

情况(qíngkuàng) : 1. 명 상황. 정황. 형편. 사정.
2. 명 군사상의 상황 변화.

个别(gèbié) : 형 일부의. 극소수의. 특별한. 극히 드문. 개개의. 개별적인. 단독의.

个别月 : 일부의 달. → 몇 달.

逆差(nìchā) : 명 수입 초과. 무역 수지의 적자. 적자.

都(dōu) : 1. 부 모두. 다. 전부. 〔일반적으로 총괄하는 내용 앞에 쓰임〕
2. 부 이미. 벌써.
3. 부 심지어. …조차도.

正常(zhèngcháng) : 형 정상적인.

10) 在回答有关全年外贸走势的提问时，沈丹阳说，只要落实好稳定外贸增长的政策，努力做好工作，我们仍然有信心并且有希望实现全年预定的外贸发展目标。

zài huídá yǒuguān quánnián wàimào zǒushì de tíwèn shí, Shěn Dānyáng shuō, zhǐyào luòshí hǎo wěndìng wàimào zēngzhǎng de zhèngcè, nǔlì zuòhǎo gōngzuò, wǒmen réngrán yǒu xìnxīn bìngqiě yǒu xīwàng shíxiàn quánnián yùdìng de wàimào fāzhǎn mùbiāo。

연간 대외무역의 추세와 관련된 질문을 대답할 때, 션단양은 대외무역의 성장을 안정시키는 정책을 잘 실현시키고, 노력해서 업무를 잘 완성하기만 하면, 우리는 여전히 연간 예정의 대외무역 발전 목표를 실현할 확신이 있고 또한 희망이 있다고 말했다.

回答(huídá) : 1. 동 대답하다. 회답하다. 응답하다.
2. 명 회답. 대답. 응답.

有关(yǒuguān) : 1. 동 관계가 있다. 관련이 있다. 연관되다. → 관련된.
2. 형 관계가 있는. 관련 있는.

走势(zǒushì)：명 발전적 추세. 나아가는 방향.

提问(tíwèn)：1. 명 질문.
2. 동 질문하다.

时(shí)：1. 명 때. 시대. 시기. 세월. 계절. 〔비교적 긴 시간을 나타냄〕
2. 명 시. 〔현재의 시각 단위〕
3. 명 (정해진) 시간.

只要(zhǐyào)：접 …하기만 하면.

落实(luòshí)：실현시키다. 구체화하다. 2-12.

好(hǎo)：1. 형 좋다. 아름답다. 훌륭하다. 만족하다.
2. 형 그래. 좋아. 자. 〔칭찬 · 동의 · 종결의 어기를 나타냄〕
3. 형 친근하다. 사이가 좋다. 우호적이다. 화목하다.
4. 형 동사 뒤에서 동작이 (다) 완성됨 혹 (잘) 마무리됨을 나타냄.

落实好：잘 실현시키다.

稳定(wěndìng)：안정시키다. 1-11.

稳定外贸增长：대외무역의 성장을 안정시키다.

努力(nǔlì)：〔동사〕 노력하다. 힘쓰다. 열심히 하다. → 노력해서.

做好(zuòhǎo)：1. (어떤 임무를) 잘 완성하다.
2. 잘하다. 잘 해두다.

工作(gōngzuò)：1. 명 업무. 작업. 일. 노동. 직업. 일자리.
2. 동 일하다. 작업하다.

努力做好工作：노력해서 업무를 잘 완성하다.

仍然(réngrán)：〔부사〕 변함없이. 여전히. 아직도. 원래대로.

信心(xìnxīn)：명 확신. 자신(감). 신념. 믿음.

并且(bìngqiě)：접 게다가. 나아가. 그리고. 동시에. 또. 또한. 아울러.

希望(xīwàng)：1. 명 희망.
2. 동 희망하다.

实现(shíxiàn)：동 실현하다.

预定(yùdìng)：동 예정하다. 미리 약속하다.

全年预定的外贸发展目标：한 해 전체로 예정된 대외무역의 발전 목표.
→ 연간 예정의 대외무역 발전 목표. *

4. 번역 대외무역의 발전 목표

연간 대외무역의 성장은 아마도 장차 전기 저조 · 중기 안정 · 후기 고조일 것이다

시장의 구조에서 보면, BRICS와 다른 몇몇 신흥국가에 대한 수출이 양호한 발전적 형세를 계속 유지했다. 1월부터 4월까지, 우리 나라의 러시아에 대한 수출은 14.3% 성장했고, 브라질에 대해서는 13.3% 성장했고, 태국에 대해서는 20% 성장했고, 인도네시아에 대해서는 11.3% 성장했다.

세관의 데이터에 의하면, 4월 당월 우리 나라 무역의 흑자는 184억 2천만 달러에 도달했다.

션단양에 의하면, 1/4분기 우리 나라 무역의 흑자 누계는 단지 6억 7천만 달러로, 10여 년 동안 동일 시기 무역의 흑자 규모가 가장 작은 것이고, 이것은 대외무역의 수출입이 이미 더욱 균형이 잡히는 것을 나타낸다. 4월 흑자의 갑작스런 대폭적 성장에는 어느 정도의 우연성을 갖고 있고, 수입 가격 하락 등 요인의 영향을 주로 받았고, 한 해 전체의 추세를 대표하지는 않는다.

그의 의견에 의하면, 금년 연간 대외무역은 아마도 기본적으로 균형이 맞을 것이고, 흑자가 조금 있고, 흑자 폭은 작년보다 더욱 곤경에 처할 것이다. 이후 몇 개월 동안 수출입이 아마도 평행선에서 위아래로 오르내리는 상황을 장차 나타낼 것이고, 몇 달은 흑자이고, 몇 달은 적자이며, 모두가 정상적인 것이다.

연간 대외무역의 추세와 관련된 질문을 대답할 때, 션단양은 대외무역의 성장을 안정시키는 정책을 잘 실현시키고, 노력해서 업무를 잘 완성하기만 하면, 우리는 여전히 연간 예정의 대외무역 발전 목표를 실현할 확신이 있고 또한 희망이 있다고 말했다. *

第四课

进出口的未来预测

第四课 进出口的未来预测

1. 원문 10月外贸同比增长7.3% 中国经济开始明显复苏

外贸仍将维持回升态势

交通银行金融研究中心报告预计2012年11月出口同比回升态势仍将持续。因为从历史数据看，11月·12月份的出口规模都会较前期有所季节性回暖。但全球经济复苏前景仍不明朗，实质性的外需回暖仍需时日，因而短期出口不太可能大幅增长，增速仍将是渐进趋稳。

预计2012年11月进口同比可能略有回升。一是四季度中国内需将企稳向好，进而带动进口增速回升。二是四季度微观企业主体将陆续进入主动补库存周期，进口商品的需求将进一步增加。三是由于近期贸易顺差有所扩大的，为平衡贸易收支，预计未来政府仍将可能继续推动鼓励进口的政策。

交行认为年内进出口贸易仍将维持回升态势，但考虑到未来两个月进口增速回升速度可能快于出口，预计月度贸易顺差可能略有受窄。预计四季度贸易顺差为月均250亿左右，与三季度基本持平，而全年贸易顺差则将超过2000亿美元，相比去年明显扩大。

출처: 东方网 http://sjj.sh.gov.cn/node2/node6/userobject1ai17689.html

2. 발음 jìnchūkǒu de wèilái yùcè

shí yuè wàimào tóngbǐ zēngzhǎng bǎifēnzhī qī diǎn sān, zhōngguó jīngjì kāishǐ míngxiǎn fùsū

wàimào réng jiāng wéichí huíshēng tàishì

jiāotōng yínháng jīnróng yánjiū zhōngxīn bàogào yùjì èr líng yī èr nián shí yī yuè chūkǒu tóngbǐ huíshēng tàishì réng jiāng chíxù。 yīnwèi cóng lìshǐ shùjù kàn, shí yī yuè · shí èr yuèfèn de chūkǒu guīmó dōu huì jiào qiánqī yǒusuǒ jìjiéxìng huínuǎn。 dàn quánqiú jīngjì fùsū qiánjǐng réng bù mínglǎng, shízhìxìng de wàixū huínuǎn réng xū shírì, yīnér duǎnqī chūkǒu bútài kěnéng dàfú zēngzhǎng, zēngsù réng jiāng shì jiànjìn qū wěn。

yùjì èr líng yī èr nián shí yī yuè jìnkǒu tóngbǐ kěnéng lüèyǒu huíshēng。 yī shì sì jìdù zhōngguó nèixū jiāng qǐwěn xiànghǎo, jìnér dàidòng jìnkǒu zēngsù huíshēng。 èr shì sì jìdù wēiguān qǐyè zhǔtǐ jiāng lùxù jìnrù zhǔdòng bǔkùcún zhōuqī, jìnkǒu shāngpǐn de xūqiú jiāng jìnyíbù zēngjiā。sān shì yóuyú jìnqī màoyì shùnchā yǒusuǒ kuòdà de, wèi pínghéng màoyì shōuzhī, yùjì wèilái zhèngfǔ réng jiāng kěnéng jìxù tuīdòng gǔlì jìnkǒu de zhèngcè。

jiāoháng rènwéi niánnèi jìnchūkǒu màoyì réng jiāng wéichí huíshēng tàishì, dàn kǎolǜ dào wèilái liǎng ge yuè jìnkǒu zēngsù huíshēng sùdù kěnéng kuài yú chūkǒu, yùjì yuèdù màoyì shùnchā kěnéng lüèyǒu shòuzhǎi。yùjì sì jìdù màoyì shùnchā wéi yuèjūn èr bǎi wǔ shí yì zuǒyòu, yǔ sān jìdù jīběn chípíng, ér quánnián màoyì shùnchā zé jiāng chāoguò èr qiān yì měiyuán, xiāngbǐ qùnián míngxiǎn kuòdà。

3. 해설 수출입의 미래 예측

1) 进出口的未来预测

jìnchūkǒu de wèilái yùcè
수출입의 미래 예측

进出口(jìnchūkǒu)：수출입. 3-6.

未来(wèilái)：1. 명 미래. 미래의. 향후.
2. 형 머지않은. 곧 다가오는 (시간). 조만간. 〔시간을 가리킴〕

预测(yùcè)：1. 동 예측하다.
2. 명 예측. 예상.

2) 10月外贸同比增长7.3%，中国经济开始明显复苏

shí yuè wàimào tóngbǐ zēngzhǎng bǎifēnzhī qī diǎn sān, zhōngguó jīngjì kāishǐ míngxiǎn fùsū
10월 대외무역은 전년도 동기와 대비하여 7.3% 성장했고, 중국 경제가 뚜렷하게 회복하기 시작하다

外贸(wàimào)：대외무역. 3-1.

同比(tóngbǐ)：동 전년도 동기와 대비하다. → 전년 동기 대비.

增长(zēngzhǎng)：성장하다. 3-2.

经济(jīngjì)：경제. 1-7.

开始(kāishǐ)：1. 동 시작되다. 개시하다.
2. 동 착수하다. 시작하다.
3. 명 처음. 시작. 시초.

明显(míngxiǎn) : 형 뚜렷하다. 분명하다. 확연히 드러나다. → 뚜렷하게.
复苏(fùsū) : 1. 동 소생〔재생〕하다. 회복〔회생〕하다.
2. 동 (경제나 생산이) 회생〔회복〕하다.

3) 外贸仍将维持回升态势
wàimào réng jiāng wéichí huíshēng tàishì
대외무역은 여전히 반등 형세를 유지할 것이다.

仍(réng) : 여전히. 1-6.
将(jiāng) : …하게 될 것이다. …일 것이다. 3-2.
维持(wéichí) : 동 유지하다. 지키다. 지지하다. 후원하다. 돌보다. 원조하다.
回升(huíshēng) : 반등하다. → 반등. 2-6.
态势(tàishì) : 명 형세. 태세.

4) 交通银行金融研究中心报告预计2012年11月出口同比回升态势仍将持续。
jiāotōng yínháng jīnróng yánjiū zhōngxīn bàogào yùjì èr líng yī èr nián shí yī yuè chūkǒu tóngbǐ huíshēng tàishì réng jiāng chíxù。
교통은행 금융연구센터의 보고서는 2012년 11월 수출이 전년도 동기와 대비하여 반등 형세가 여전히 지속될 것이라고 예측했다.

交通(jiāotōng) : 1. 명 교통.
2. 동 교통하다. 서로 통하다.
3. 동 친교를 맺다. 결탁하다.
银行(yínháng) : 명 은행.
交通银行(jiāotōng yínháng) : 명 (중국) 교통은행. 1908년 창립되고, 근대중국의 발권 은행 중 하나로, 1987년 재조직됨.
研究(yánjiū) : 1. 동 (사물의 본질 · 규율 등을) 연구하다. 탐구하다. → 연구.

2. 통 고려하다. 생각하다. 논의하다. 협의 검토하다. 토의하다.

中心(zhōngxīn)：1. 명 한가운데. 중심. 복판.

2. 명 중심. 핵심. 사물의 주요 부분.

3. 명 중심지. 중요 지역.

4. 명 센터(center). 〔주로 기관의 명칭으로 씀〕

报告(bàogào)：1. 명 보고. 보고서. 리포트.

2. 통 보고하다. 발표하다. 연설하다.

预计(yùjì)：명 예상하다. 예측하다. 추산하다.

出口同比：수출이 전년도 동기와 대비하여.

持续(chíxù)：통 지속되다〔하다〕.

回升态势仍将持续：반등 형세가 여전히 지속될 것이다.

5) 因为从历史数据看，11月·12月份的出口规模都会较前期有所季节性回暖。

yīnwèi cóng lìshǐ shùjù kàn, shí yī yuè · shí èr yuèfèn de chūkǒu guīmó dōu huì jiào qiánqī yǒusuǒ jìjiéxìng huínuǎn。

왜냐하면 역사적인 데이터에서 보면, 11월 · 12월의 수출 규모는 모두 전기보다 좀 계절적으로 회복될 수 있기 때문이다.

因为(yīnwèi)：1. 접 왜냐하면. 〔所以와 호응하여 쓰임〕

2. 개 …때문에. …로 인하여. 〔원인을 나타냄〕

历史(lìshǐ)：1. 명 역사. 역사적 기록.

2. 명 (어떤 사물이나 개인의) 과거.

数据(shùjù)：데이터. 3-5.

规模(guīmó)：규모. 3-6.

较(jiào)：1. 통 비교하다. 비하다. 비기다. 견주다. 겨루다.

2. 통 계산하여 비교하다. 따지다. 염두에 두다. 문제삼다.

3. 부 비교적. 좀. 보다.

4. 개 …보다. 〔비교의 대상을 끌어오며, 比에 상당함〕

前期(qiánqī)：명 전기.

有所(yǒusuǒ) : 좀〔다소〕 …하다. 1-13.

季节性(jìjiéxìng) : 명 계절성. → 계절적인.

回暖(huínuǎn) : 동 (춥던 날씨가) 다시 따뜻〔온난 · 난화〕해지다. → 회복되다.

有所季节性回暖 : 좀 계절적으로 다시 따뜻해지다. → 좀 계절적으로 회복되다.

6) 但全球经济复苏前景仍不明朗，实质性的外需回暖仍需时日，因而短期出口不太可能大幅增长，增速仍将是渐进趋稳。

dàn quánqiú jīngjì fùsū qiánjǐng réng bù mínglǎng, shízhìxìng de wàixū huínuǎn réng xū shírì, yīnér duǎnqī chūkǒu bútài kěnéng dàfú zēngzhǎng, zēngsù réng jiāng shì jiànjìn qū wěn。

그러나 전 세계 경제 회복의 장래는 여전히 밝지 않고, 실질적인 외수의 회복은 여전히 시일이 필요하며, 따라서 단기 수출이 그다지 대폭적으로 성장할 리가 없는 까닭에, (수출의) 가속은 여전히 점진적으로 안정화될 것이다.

但(dàn) : 1. 접 그러나. 그렇지만. 하지만.
2. 부 다만. 단지. 오직. 오로지.

全球(quánqiú) : 전 세계. 1-7.

前景(qiánjǐng) : 명 장래. 앞날. (관찰자로부터) 가장 가까운 경물(景物).

明朗(mínglǎng) : 형 밝다. 환하다. 명랑하다. 쾌활하다. 뚜렷하다. 분명하다.

实质性(shízhìxìng) : 명 실질성. → 실질적인.

外需(wàixū) : 1. 명 외수(外需). 국외 시장의 수요.
2. 명 홍콩 · 마카오 · 대만 지역의 수요.

需(xū) : 1. 동 필요하다. 요구되다.
2. 명 필수품. 수요.

时日(shírì) : 명 시일. 시간과 날짜. (비교적 긴) 시간.

因而(yīnér) : 접 그러므로. 그런 까닭에. 따라서.

短期(duǎnqī) : 명 단기(간).

不太(bútài) : 그다지〔별로 · 잘〕 …하지 않다.

可能(kěnéng) : 가능하다. 아마도. 3-8.

不太可能 : 그다지 …할 리가 없다. 그다지〔별로〕 가능하지 않다.

不可能(bùkěnéng) : …할 리가 없다.

大幅(dàfú) : 대폭(적인). → 대폭적으로. 1-8.

增速(zēngsù) : 동 속도를 높이다. 가속하다. 증속하다. → 가속. 증속.

渐进(jiànjìn) : 동 점차적으로 발전하다. 점진하다. → 점진적으로.

趋(qū) : 1. 동 (일정한 방향으로) 나아가다. 향해 가다.
2. 동 빨리 걷다.
3. 동 빌붙다. 매달리다.
4. 동 좇다. 추구하다.

稳(wěn) : 안정되다. 3-2.

趋稳(qū wěn) : 안정화되다.

7) 预计2012年11月进口同比可能略有回升。

yùjì èr líng yī èr nián shí yī yuè jìnkǒu tóngbǐ kěnéng lüèyǒu huíshēng。
2012년 11월 수입이 전년도 동기와 대비하여 아마도 약간 반등할 것으로 예상된다.

略有(lüèyǒu) : 약간〔얼마간, 조금〕 …이 있다. 3-8.

8) 一是四季度中国内需将企稳向好，进而带动进口增速回升。

yī shì sì jìdù zhōngguó nèixū jiāng qǐwěn xiànghǎo, jìnér dàidòng jìnkǒu zēngsù huíshēng。
첫째 4/4분기 중국 내수는 장차 하락이 정지되고 상승 추세가 되며, 더 나아가 수입이 가속하여 반등하도록 선도할 것이다.

季度(jìdù) : 사분기. 분기. 3-6.

内需(nèixū) : 명 내수.

企稳向好(qǐwěn xiànghǎo) : 하락이 정지되고 상승 추세이다(아직 상승은 아님).
→ 企稳은 광동어의 站稳을 뜻함.

站稳(zhànwěn) : 1. 동 똑바로 서다. 멈추어서다.

2. 통 (차량 등이) 멈추어 서다. 완전히 정지하다.
3. 통 꿋꿋이〔굳건히〕 세우다. 확고히 하다.

向(xiàng) : 1. 개 …(으)로. …에게. …을 향하여.
2. 명 방향.
3. 통 두둔하다. 역성들다. 거들다. 감싸다. 편들다. 편애하다.

好(hǎo) : 좋음. 양호. 3-10.

向好(xiànghǎo) : 통 호전되다. 좋아지다. 좋은 방향으로 발전하다.

企稳回升(qǐwěn huíshēng) : 경제 하락이 정지되면서 동시에 상승하기 시작하다.
→ 回升(huíshēng) : 다시 상승하다. 반등하다. 2-6.
→ 上涨(shàngzhǎng) : 통 (물가가) 오르다. 상승하다.
→ 下跌(xiàdiē) : 통 (물가가) 떨어지다. 하락하다.

进而(jìnér) : 접 더 나아가. 진일보하여.

带动(dàidòng) : 통 (이끌어) 움직이〔이게 하〕다. 이끌어 나가다. 선도하다.

带动进口增速回升 : 1. 수입이 속도를 내어(가속하여) 반등하도록 선도하다.
2. 수입을 선도하여 반등을 가속하다.

9) 二是四季度微观企业主体将陆续进入主动补库存周期，进口商品的需求将进一步增加。
èr shì sì jìdù wēiguān qǐyè zhǔtǐ jiāng lùxù jìnrù zhǔdòng bǔkùcún zhōuqī, jìnkǒu shāngpǐn de xūqiú jiāng jìnyíbù zēngjiā。
둘째 4/4분기 미시적 기업 주체가 장차 계속 자발적 보충 재고순환에 진입할 것이고, 수입 상품의 수요가 장차 더욱 증가할 것이다.

微观(wēiguān) : 1. 명 미시. 〔경제 용어〕
2. 형 미시적이다. 미시의.

企业(qǐyè) : 기업. 2-4.

主体(zhǔtǐ) : 명 주체. 사물의 주요 부분.

微观企业主体(wēiguān qǐyè zhǔtǐ) : 미시적 기업 주체.
기업 외부에 독립적으로 존재하며, 기업의 재정관리에 영향을 주는 각종 객관적 요소와 조건.

陆续(lùxù)：부 끊임없이. 연이어. 부단히. 계속해서. 잇따라.

进入(jìnrù)：동 들다. 진입하다.

主动(zhǔdòng)：1. 형 주동적인.
2. 형 자발적인. 자각적인. 능동적인.

补(bǔ)：1. 동 수선하다. 고치다. 때우다. 깁다.
2. 동 메우다. 보충하다. 채워 넣다.
3. 동 보양하다.
4. 동 보완하다.
5. 명 보충. 보완.

库存(kùcún)：1. 명 재고. 잔고. 창고에 보관된 재물.
2. 동 창고에 저장하다.

补库存(bǔkùcún)：보충 재고.
예로, 주식시장에서 동일 주식을 매입하여 보유주식의 수량을 증가시킴.

周期(zhōuqī)：명 주기. 2-8.

库存周期(kùcún zhōuqī)：재고순환. inventory cycle.

主动补库存周期：자발적 보충 재고순환. Active fill inventory cycle.

商品(shāngpǐn)：명 상품. 제품. 물품.

需求(xūqiú)：명 수요. 필요.

增加(zēngjiā)：동 증가하다. 더하다. 늘리다.

10) 三是由于近期贸易顺差有所扩大的，为平衡贸易收支，预计未来政府仍将可能继续推动鼓励进口的政策。

sān shì yóuyú jìnqī màoyì shùnchā yǒusuǒ kuòdà de, wèi pínghéng màoyì shōuzhī, yùjì wèilái zhèngfǔ réng jiāng kěnéng jìxù tuīdòng gǔlì jìnkǒu de zhèngcè。

셋째 최근 무역 흑자가 좀 증대하기 때문에, 무역 수지의 균형을 맞추기 위해서, 미래 정부는 여전히 수입 장려 정책을 아마도 계속 추진할 것으로 예측된다.

由于(yóuyú)：개 · 접 …때문에. …(으)로 인하여.

近期(jìnqī)：명 가까운 시기. 가까운 기일. 단기. → 최근.

扩大(kuòdà)：확대하다. 증대하다. 신장하다. 1-5.
为(wèi)：…하기 위하여. 1-15.
平衡(pínghéng)：균형을 맞추다〔잡다〕. 1-6.
收支(shōuzhī)：명 수입과 지출. 수지.
为平衡贸易收支：무역 수지의 균형을 맞추기 위하여.
未来(wèilái)：1. 명 미래. 미래의. 향후.
2. 형 머지않은. 곧 다가오는 (시간). 조만간. 〔시간을 가리킴〕
政府(zhèngfǔ)：명 정부.
可能(kěnéng)：아마도. 어쩌면. 3-8.
继续(jìxù)：계속해서. 계속하여. 3-3.
推动(tuīdòng)：동 추진하다. 나아가게 하다. 촉진하다. 조장하다.
鼓励(gǔlì)：장려하다. 격려하다. 2-11.
鼓励进口的政策：수입을 장려하는 정책. → 수입 장려 정책.

11) 交行认为年内进出口贸易仍将维持回升态势，但考虑到未来两个月进口增速回升速度可能快于出口，预计月度贸易顺差可能略有受窄。

jiāoháng rènwéi niánnèi jìnchūkǒu màoyì réng jiāng wéichí huíshēng tàishì, dàn kǎolǜ dào wèilái liǎng ge yuè jìnkǒu zēngsù huíshēng sùdù kěnéng kuài yú chūkǒu, yùjì yuèdù màoyì shùnchā kěnéng lüèyǒu shòuzhǎi。

교통은행은 연내 수출입 무역이 여전히 반등 형세를 유지할 것이라고 생각하지만, 그러나 미래 2개월 수입의 가속적인 반등 속도가 아마도 수출보다 빠를 것을 고려한다면, 월간 무역 흑자는 아마도 약간 곤경에 처할 것으로 예상된다.

交行(jiāoháng)：交通银行(jiāotōng yínháng, 교통은행)의 약칭.
认为(rènwéi)：(…라고) 생각하다. 여기다. 인정하다. 2-6.
年内(niánnèi)：명 연내.
进出口(jìnchūkǒu)：수출입. 3-6.
考虑(kǎolǜ)：1. 동 고려하다. 생각하다.
2. 동 구상하다. 계획하다. …할 생각이다.

到(dào)：1. 동 도달하다. 도착하다. (어느 곳에) 이르다.
2. 동 …에. …로. …까지 오다.
3. 동 동사 뒤에서 동작의 목적 달성이나 결과 발생을 나타냄.

速度(sùdù)：명 속도.

进口增速回升速度：수입이 가속하여 반등하는 속도. 수입의 가속적인 반등 속도.

快(kuài)：1. 형 빠르다. 영민하다. 민첩하다.
2. 부 빨리. 급히.

于(yú)：…보다. 2-11.

快于(kuàiyú)：…보다 빠르다.

月度(yuèdù)：명 월간.

受窄(shòuzhǎi)：곤경에 처하다. 3-8.

12) 预计四季度贸易顺差为月均250亿左右，与三季度基本持平，而全年贸易顺差则将超过2000亿美元，相比去年明显扩大。

yùjì sì jìdù màoyì shùnchā wéi yuèjūn èr bǎi wǔ shí yì zuǒyòu, yǔ sān jìdù jīběn chípíng, ér quánnián màoyì shùnchā zé jiāng chāoguò èr qiān yì měiyuán, xiāngbǐ qùnián míngxiǎn kuòdà。

4/4분기 무역 흑자는 월평균 250억가량으로, 3/4분기와 거의 같고, 그래서 연간 무역 흑자는 곧 2천 억 달러를 초과하고, 작년과 비교하여 뚜렷하게 증대할 것으로 예상된다.

月均(yuèjūn)：명 월평균. 매월 평균.

左右(zuǒyòu)：1. 명 좌와 우. 왼쪽과 오른쪽.
2. 명 주위. 옆. 곁.
3. 명 측근. 시종. 주변 사람.
4. 명 가량. 안팎. 만큼. 내외. 쯤.
5. 동 통제하다. 좌우하다. 좌지우지하다. 지배하다.

基本(jīběn)：거의. 대체로. 기본적으로. 1-11.

持平(chípíng)：1. 동 (비교 대상의 수량과) 같다.
2. 형 공평하다. 공정하다.

而(ér) : 1. 접 …(하)고(도). 그리고. 그래서. 〔순접을 나타냄〕

2. 접 …지만. …나. …면서. 그러나. 〔역접을 나타냄〕

3. 접 긍정과 부정으로 서로 보충하는 성분을 연결시킴.

4. 접 목적 또는 원인 등을 나타내는 성분을 연결시킴.

相比(xiāngbǐ) : 동 비교하다. 견주다. *

4. 번역 수출입의 미래 예측

10월 대외무역은 전년도 동기와 대비하여 7.3% 성장했고, 중국 경제가 뚜렷하게 회복하기 시작하다

대외무역은 여전히 반등 형세를 유지할 것이다

교통은행 금융연구센터의 보고서는 2012년 11월 수출이 전년도 동기와 대비하여 반등 형세가 여전히 지속될 것이라고 예측했다. 왜냐하면 역사적인 데이터에서 보면, 11월 · 12월의 수출 규모는 모두 전기보다 좀 계절적으로 회복될 수 있기 때문이다. 그러나 전 세계 경제 회복의 장래는 여전히 밝지 않고, 실질적인 외수의 회복은 여전히 시일이 필요하며, 따라서 단기 수출이 그다지 대폭적으로 성장할 리가 없는 까닭에, (수출의) 가속은 여전히 점진적으로 안정화될 것이다.

2012년 11월 수입이 전년도 동기와 대비하여 아마도 약간 반등할 것으로 예상된다. 첫째 4/4분기 중국 내수는 장차 하락이 정지되고 상승 추세가 되며, 더 나아가 수입이 가속하여 반등하도록 선도할 것이다. 둘째 4/4분기 미시적 기업 주체가 장차 계속 자발적 보충 재고순환에 진입할 것이고, 수입 상품의 수요가 장차 더욱 증가할 것이다. 셋째 최근 무역 흑자가 좀 증대하기 때문에, 무역 수지의 균형을 맞추기 위해서, 미래 정부는 여전히 수입 장려 정책을 아마도 계속 추진할 것으로 예측된다.

교통은행은 연내 수출입 무역이 여전히 반등 형세를 유지할 것이라고 생각하지만, 그러나 미래 2개월 수입의 가속적인 반등 속도가 아마도 수출보다 빠를 것을 고려한다면, 월간 무역 흑자는 아마도 약간 곤경에 처할 것으로 예상된다. 4/4분기 무역 흑자는 월평균 250억가량으로, 3/4분기와 거의 같고, 그래서 연간 무역 흑자는 곧 2천 억 달러를 초과하고, 작년과 비교하여 뚜렷하게 증대할 것으로 예상된다. *

第五课

中国资本的对外输出

第五课 中国资本的对外输出

1. 원문 中国对外投资收益长期为负，去年负268亿美元

这怨谁呢？ 都怪一直以来的"低收益高成本"模式。原来，中国对外投资以官方的外汇储备资产为主，但此部分的投资收益有限，主要投资美国债券。

专家估计为3%～5%左右；而对外金融负债中，又以FDI为主，其主要投资中国的实体资产，机构预测FDI投资收益率约在18%～20%左右，换言之，中国巨额海外资产收益很低，但对外负债的成本却极高。

最大的秘密是，在-268亿美元净投资收益中，据权威人士证实，

中国2011年外储投资收益也“隐藏”其中。但由于-268亿美元是FDI在中国投资所得与中国资本对外输出(涵盖外汇储备对外投资和对外直接投资)所得利润的轧差，因此，难以测算外储去年具体投资收益数据。

不过，从外管局国际投资报告的相关表述中，还是可以窥测出去年外储投资的大致表现。

外管局国际收支报告显示，2011年，中国交易引起的外汇储备由前三季度同比多增888亿美元转为全年少增847亿美元；而比较外管局与央行的数据会发现，2011年由于汇率估值等非交易因素，中国外储缩水540亿美元。

출처: 央视网 http://biz.cn.yahoo.com/ypen/20120429/1016424.html

2. 발음 zhōngguó zīběn de duìwài shūchū

zhōngguó duìwài tóuzī shōuyì chángqī wéi fù, qùnián fù èr bǎi liù shí bā yì měiyuán

zhè yuàn shéi ne? dōu guài yìzhí yǐlái de "dī shōuyì gāo chéngběn" móshì。yuánlái, zhōngguó duìwài tóuzī yǐ guānfāng de wàihuì chǔbèi zīchǎn wéizhǔ, dàn cǐ bùfen de tóuzī shōuyì yǒuxiàn, zhǔyào tóuzī měiguó zhàiquàn。

zhuānjiā gūjì wéi bǎifēnzhī sān~bǎifēnzhī wǔ zuǒyòu; ér duìwài jīnróng fùzhài zhōng, yòu yǐ FDI wéizhǔ, qí zhǔyào tóuzī zhōngguó de shítǐ zīchǎn, jīgòu yùcè FDI tóuzī shōuyìlǜ yuē zài bǎifēnzhī shí bā~bǎifēnzhī èr shí zuǒyòu, huànyánzhī, zhōngguó jù'é haǐwài zīchǎn shōuyì hěn dī, dàn duìwài fùzhài de chéngběn què jí gāo。

zuìdà de mìmì shì, zài fù èr bǎi liù shí bā yì měiyuán jìngtóuzī shōuyì zhōng, jù quánwēi rénshì zhèngshí, zhōngguó èr líng yī yī nián wàichǔ tóuzī shōuyì yě "wěncáng" qízhōng。dàn yóuyú fù èr bǎi liù shí bā yì měiyuán shì FDI zài zhōngguó tóuzī suǒdé yǔ zhōngguó zīběn duìwài shūchū (hángài wàihuì chǔbèi duìwài tóuzī hé duìwài zhíjiē tóuzī) suǒdé lìrùn de gáchā，yīncǐ，nányǐ cèsuàn wàichǔ qùnián jùtǐ tóuzī shōuyì shùjù。

bùguò，cóng wàiguǎnjú guójì tóuzī bàogào de xiāngguān biǎoshù zhōng，háishì kěyǐ kuīcèchū qùnián wàichǔ tóuzī de dàzhì biǎoxiàn。

wàiguǎnjú guójì shōuzhī bàogào xiǎnshì，èr líng yī yī nián，zhōngguó jiāoyì yǐnqǐ de wàihuì chǔbèi yóu qián sān jìdù tóngbǐ duō zēng bā bǎi bā shí bā yì měiyuán zhuǎnwéi quánnián shǎo zēng bā bǎi sì shí qī yì měiyuán；ér bǐjiào wàiguǎnjú yǔ yānghááng de shùjù huì fāxiàn，èr líng yī yī nián yóuyú huìlǜ gūzhí děng fēi jiāoyì yīnsù，zhōngguó wàichǔ suōshuǐ wǔ bǎi sì shí yì měiyuán。

3. 해설 중국 자본의 대외 수출

1) 中国资本的对外输出

zhōngguó zīběn de duìwài shūchū
중국 자본의 대외 수출

资本(zīběn) : 1. 명 자본.
2. 명 자금. 밑천. 본전.
对外(duìwài) : 1. 동 (외부 · 외지 · 외국 등과) 대외적으로 관계를 맺다.
2. 동 (외부 세력 · 간섭 · 압력 등에) 대처하다. 대적하다. 맞서다.
3. 형 대외(의). 대외적인.
输出(shūchū) : 1. 동 (에너지 · 신호 따위를) 출력하다. 아웃풋하다. 내다. 내뿜다.
2. 동 (내부에서 외부로) 내보내다.
3. 동 수출하다. → 수출.

2) 中国对外投资收益长期为负，去年负268亿美元

zhōngguó duìwài tóuzī shōuyì chángqī wéi fù, qùnián fù èr bǎi liù shí bā yì měiyuán
중국의 대외투자 수익은 장기적으로 적자이고, 작년은 마이너스 268억 미국 달러이었다.

直接(zhíjiē) : 1. 명 직접.
2. 형 직접적인.
3. 부 직접적.
投资(tóuzī) : 투자. 2-1.
直接投资(zhíjiē tóuzī) : 명 직접투자.

对外投资(duìwài tóuzī) : 대외투자.

收益(shōuyì) : 명 수익. 이득. 수입.

投资收益(tóuzī shōuyì) : 투자수익.

对外投资收益(duìwài tóuzī shōuyì) : 대외 투자수익.

长期(chángqī) : 장시간. 장기간. → 장기적으로. 1-12.

为(wéi) : 1. 동 하다. 만들다.

2. 동 어떤 동작 · 행위를 나타냄. 〔다스리다 · 종사하다 등을 뜻함〕

3. 동 …(으)로 삼다. …(으)로 생각하다〔여기다〕.

4. 동 …(으)로 변〔변화〕하다. …이 되다.

5. 동 …이다.

负(fù) : 명 부(负). 음(阴). 마이너스(—). → 적자.

为负(wéi fù) : 적자이다. 마이너스이다.

去年(qùnián) : 작년. 3-8.

亿(yì) : 억. 3-5.

美元(měiyuán) : 미국 달러. 3-5.

3) 这怨谁呢？都怪一直以来的“低收益高成本”模式。

zhè yuàn shéi ne？ dōu guài yìzhí yǐlái de “dī shōuyì gāo chéngběn” móshì。

이것은 누구를 원망하는가? 줄곧 계속된 ‘저수익 · 고비용’의 모델을 모두 책망한다.

怨(yuàn) : 동 원망하다. 증오하다. 미워하다. 책망하다. 나무라다. 비난하다.

怪(guài) : 동 책망하다. 원망하다. 훈계하다. 의심쩍다. 형 이상하다. 괴상하다.

一直(yìzhí) : 1. 부 계속. 줄곧. 〔동작 혹은 상태가 지속됨을 나타냄〕

2. 부 곧장. 곧바로. 줄곧.

3. 부 관련되는 범위를 나타냄.

以来(yǐlái) : 명 이래. 동안.

一直以来(yìzhí yǐlái) : 계속되다. 줄곧 내려오다. 항상. 언제나. 늘.

低收益(dīshōuyì) : 저수익.

成本(chéngběn) : 명 원가. 비용. 생산비. 자본금.

高成本(gāochéngběn) : 고비용.

低成本(dīchéngběn)：저원가. 저비용.
总成本(zǒngchéngběn)：총원가.
净成本(jìngchéngběn)：순원가.
模式(móshì)：명 모식. (표준) 양식. 패턴. 모델.

4) 原来，中国对外投资以官方的外汇储备资产为主，但此部分的投资收益有限，主要投资美国债券。
yuánlái, zhōngguó duìwài tóuzī yǐ guānfāng de wàihuì chǔbèi zīchǎn wéizhǔ, dàn cǐ bùfen de tóuzī shōuyì yǒuxiàn, zhǔyào tóuzī měiguó zhàiquàn。
알고 보니, 중국 대외투자는 공적 외화보유고 자산을 위주로 하는데, 그러나 이 부분의 투자수익은 제한적이고, 미국 채권에 주로 투자했다.

原来(yuánlái)：1. 부 이전에. 당초. 처음에. 원래. 본래.
2. 형 고유의. 원래의. 본래의.
3. 부 알고 보니.
以(yǐ)A为(wéi)B：A를 B로 삼다. A를 B로 여기다.
官方(guānfāng)：명 정부 당국. 정부측.
官方的(guānfāngde)：공식적인. 공적인. 공공의. 정부의.
外汇(wàihuì)：명 외화. 외환.
储备(chǔbèi)：1. 동 (물자를) 비축하다. 저장하다.
2. 명 비축한 물건. 예비품. 예비 인원.
外汇储备(wàihuìchǔbèi)：명 외화보유액. 외화보유고.
资产(zīchǎn)：1. 명 재산. 산업.
2. 명 자산.
官方的外汇储备资产：공적 외화보유고 자산.
为主(wéizhǔ)：동 …을 위주로 하다.
此(cǐ)：1. 대 이. 이것. 〔가까운 것을 가리킴〕
2. 대 이렇게.
3. 대 이때. 이곳.

有限(yǒuxiàn)：1. 형 유한하다. 한계가 있다. → 제한적이다.
2. 형 수량이 적다. 정도가 비교적 낮다. 수준이 떨어지다.

主要(zhǔyào)：주로. 3-7.

债券(zhàiquàn)：명 채권. 〔공채나 국채, 회사채나 사채권〕

5) 专家估计为3%~5%左右；

zhuānjiā gūjì wéi bǎifēnzhī sān~bǎifēnzhī wǔ zuǒyòu；

전문가는 3%~5%가량으로 예측하지만,

专家(zhuānjiā)：전문가. 2-6.

估计(gūjì)：동 추측하다. 예측하다. 어림잡다. 헤아리다. 짐작하다.

%：百分之(bǎifēnzhī), 백분비. 백분율. 퍼센트.

左右(zuǒyòu)：가량. 4-12.

※ 본 문장 4)와 뒤 문장 5)가 아래의 而로 연결되면서, 그 내용이 서로 상반되어, 估计의 번역은 '예측하다'가 아니라 '예측하지만'의 역접을 나타냄.

6) 而对外金融负债中，又以FDI为主，其主要投资中国的实体资产，机构预测FDI投资收益率约在18%~20%左右，换言之，中国巨额海外资产收益很低，但对外负债的成本却极高。

ér duìwài jīnróng fùzhài zhōng, yòu yǐ FDI wéizhǔ, qí zhǔyào tóuzī zhōngguó de shítǐ zīchǎn, jīgòu yùcè FDI tóuzī shōuyìlǜ yuē zài bǎifēnzhī shí bā~bǎifēnzhī èr shí zuǒyòu, huànyánzhī, zhōngguó jù'é haǐwài zīchǎn shōuyì hěn dī, dàn duìwài fùzhài de chéngběn què jí gāo。

그러나 대외 금융 부채 중에서, 또한 해외직접투자를 위주로 하고, 그것은 중국의 실물자산에 주로 투자하고, 관련 기구는 해외직접투자 수익률이 대략 18%~20% 가량에 있을 것이라고 예측하며, 바꾸어 말해, 중국의 거액 해외 자산수익은 매우 낮지만, 그러나 대외 부채의 비용은 오히려 극히 높았다.

而(ér)：그러나. 하지만. 4-12.

对外金融(duìwài jīnróng)：대외금융.

负债(fùzhài)：1. 동 빚을 지다.

2. 명 부채.

FDI：Foreign Direct Investment(해외직접투자)의 약칭.

投资(tóuzī)：투자하다. 2-1.

实体资产(shítǐ zīchǎn)：실물자산.

机构(jīgòu)：(관련이 있는) 기구. 2-3.

预测(yùcè)：동 예측하다. 명 예측. 예상. 4-1.

收益率(shōuyìlǜ)：명 수익률.

约(yuē)：1. 부 대개. 대략.

2. 동 약속하다. 조약하다. 약정하다. 협정하다. 계약하다.

3. 동 제한하다. 한정하다. 제약하다. 규제하다.

4. 형 검약하다. 절약하다.

5. 명 약속. 약정. 조약. 계약.

6. 동 초청하다. 초대하다. 부르다.

换言之(huànyánzhī)：바꾸어 말하면. 환언하면.

巨额(jù'é)：형 액수가 많은. 거액의.

对外负债(duìwài fùzhài)：대외부채.

却(què)：1. 도리어. 오히려.

2. ~(이)지만. 하지만.

3. '그러나'라는 전환의 뜻을 가진 접속사.

极(jí)：부 아주. 극히. 지극히. 몹시. 매우. 〔가장 높은 정도를 나타냄〕

7) 最大的秘密是，在-268亿美元净投资收益中，据权威人士证实，中国2011年外储投资收益也“隐藏”其中。

zuìdà de mìmì shì, zài fù èr bǎi liù shí bā yì měiyuán jìngtóuzī shōuyì zhōng, jù quánwēi rénshì zhèngshí, zhōngguó èr líng yī yī nián wàichǔ tóuzī shōuyì yě “yǐncáng” qízhōng。

최대의 비밀은, 마이너스 268억 미국 달러의 순투자이익 중에, 권위자의 실증에 의하면, 중국 2011년 외화보유고의 투자수익도 그중에 숨어 있다는 것이다.

最大(zuìdà)：형 제일〔가장〕 크다. 최대이다.

秘密(mìmì)：1. 명 비밀. 기밀.
2. 형 비밀의. 비밀하다.

净(jìng)：1. 형 깨끗하다. 청결하다.
2. 형 다 없어지다. 텅 비다. 조금도 남지 않다.
3. 형 순수하다. 단순하다. → 순.
4. 동 청결하게 하다.
5. 부 범위를 나타내며, 이것 외에는 다른 것이 하나도 없음을 설명함.
6. 부 사물의 범위를 나타내며, 都(모두)에 상당함.

净投资(jìngtóuzī)：명 순투자.

净投资收益(jìngtóuzī shōuyì)：순투자수익.

净收益(jìngshōuyì)：명 순수익.

据(jù)：…에 따르면. 2-2.

权威(quánwēi)：1. 명 권위. 권위자. 권위 있는 사물.
2. 형 권위 있다.

人士(rénshì)：명 인사.

权威人士(quánwēi rénshì)：명 권위자.

证实(zhèngshí)：동 실증하다. 사실을 증명하다.

外储(wàichǔ)：外汇储备(wàihuì chǔbèi)의 약칭. 외화보유고.

隐藏(yǐncáng)：동 숨기다. 감추다. 비밀로 하다. 숨다.

其中(qízhōng)：대 그중에. 그 안에.

8) 但由于-268亿美元是FDI在中国投资所得与中国资本对外输出(涵盖外汇储备对外投资和对外直接投资)所得利润的轧差，因此，难以测算外储去年具体投资收益数据。

dàn yóuyú fù èr bǎi liù shí bā yì měiyuán shì FDI zài zhōngguó tóuzī suǒdé yǔ zhōngguó zīběn duìwài shūchū (hángài wàihuì chǔbèi duìwài tóuzī hé duìwài zhíjiē tóuzī) suǒdé lìrùn de gáchā, yīncǐ, nányǐ cèsuàn wàichǔ qùnián jùtǐ tóuzī shōuyì shùjù。

그러나 마이너스 268억 미국 달러는 해외직접투자의 중국 내 투자 소득과 중국 자본의 대외 수출(외화보유고의 대외투자와 대외직접투자를 포함한) 소득 이윤의 상계이기 때문에, 그래서 외화보유고의 작년 실제 투자수익의 데이터를 추산하기 어렵다.

由于(yóuyú)：…때문에. …(으)로 인하여. 4-10.

在中国：중국에서. → 중국 내. 주중. 재중.

所得(suǒdé)：명 소득. 얻은 것.

涵盖(hángài)：동 포괄하다. 포함하다. 포용하다. 감싸다. 덮다.

对外直接投资(duìwài zhíjiē tóuzī)：대외직접투자.

利润(lìrùn)：명 이윤.

轧(gá)：동 계산하다. 결산하다. 대조하다. 점검하다.

差(chā)：1. 형 다르다. 차이가 있다. 어긋나다.
2. 명 차. (어떤 수효에서 다른 수효를 뺀) 나머지.
3. 명 착오. 잘못. 실수. 과오.

差(chá)：1. 형 나쁘다. 표준에 못 미치다. 좋지 않다.
2. 동 부족하다. 모자라다.
3. 형 다르다. 차이가 나다.

轧差(gáchā)：抵消(상계). 差额计算(chā'é jìsuàn 차액 계산). 对冲(헤징).

抵消(dǐxiāo)：1. 동 (등가물 · 채권 등으로 빚을) 상쇄하다. 상계하다.
2. 동 서로 비기다. 에끼다. 중화(中和)하다.
3. 명 상계. 상쇄. 획감. 엇셈.

差额(chā'é)：명 차액.

计算(jìsuàn)：1. 동 계산하다. 산출하다. 셈하다. → 계산. 산출. 셈.
2. 동 고려하다. 계획하다.

3. 동 음해하다. 몰래 모해하다.

对冲(duìchōng) : 헤지(hedge). 가격변동의 위험을 선물의 가격변동에 의하여 상쇄하는 현물거래로, 위험회피 또는 위험분산이라고도 한다. 즉 쐐기를 박아 가격이 움직이지 않도록 하는 것이다.

因此(yīncǐ) : 접 이로 인하여. 그래서. 이 때문에.

难以(nányǐ) : 부 …하기 어렵다.

测算(cèsuàn) : 1. 동 추산하다.
2. 동 측량 · 계산하다. 측정하다.

具体(jùtǐ) : 1. 형 실제적이다. 구체적이다.
2. 형 특정의. 상세한. 실제의.
3. 동 구체화하다.

数据(shùjù) : 데이터. 3-5.

9) 不过，从外管局国际投资报告的相关表述中，还是可以窥测出去年外储投资的大致表现。

bùguò, cóng wàiguǎnjú guójì tóuzī bàogào de xiāngguān biǎoshù zhōng, háishì kěyǐ kuīcèchū qùnián wàichǔ tóuzī de dàzhì biǎoxiàn。

그러나, 외관국 국제투자 보고서의 관련 서술 중에서, 역시 작년 외화보유고 투자의 대략적 성과를 엿볼 수 있었다.

不过(búguò) : 1. 접 (반전을 나타내어) 그러나. 그런데. 하지만.
2. 부 …에 불과하다. …에 지나지 않다.
3. 접미 …할 수 없다. 〔동사나 동사 성질의 사조(词组) 뒤에 쓰임〕
4. 접미 대단히. 몹시. 지극히. 〔형용사 성질의 사조 뒤에 쓰임〕

外管局(wàiguǎnjú) : 중국 国家外汇管理局(guójiā wàihuì guǎnlǐjú, 국가외환관리국)의 약칭.

国际投资(guójì tóuzī) : 국제투자.

报告(bàogào) : 보고서. 4-4.

国际投资报告(guójì tóuzī bàogào) : 국제투자 보고서.

相关(xiāngguān) : 관련된. 2-12.

表述(biǎoshù)：동 서술하다. 설명하다. → 서술. 설명.

还是(háishì)：1. 부 여전히. 아직도. 변함없이. 원래대로. 그래도. 끝내. 역시.
2. 부 …하는 편이 (더) 좋다.
3. 부 의외로. 뜻밖에
4. 접 또는. 아니면. 〔是와 호응하여 선택의문문을 나타냄〕
5. 접 …든. …도. …뿐만 아니라.

窥测(kuīcè)：동 엿보다. 꿰뚫어보다. 살피다. 정탐하다.

出(chū)：(동사 뒤에 쓰여) 〔드러나거나 완성됨을 나타냄〕.

大致(dàzhì)：1. 형 대략적인. 대체적인.
2. 부 대개. 대략. 아마. 대체로. 대강.

表现(biǎoxiàn)：1. 명 태도. 품행. 행동. 표현. → 성과.
2. 동 나타내다. 표현하다.
3. 동 (의도적으로 자신을) 드러내 보이다. 과시하다.

10) 外管局国际收支报告显示，2011年，中国交易引起的外汇储备由前三季度同比多增888亿美元转为全年少增847亿美元；

wàiguǎnjú guójì shōuzhī bàogào xiǎnshì, èr líng yī yī nián, zhōngguó jiāoyì yǐnqǐ de wàihuì chǔbèi yóu qián sān jìdù tóngbǐ duō zēng bā bǎi bā shí bā yì měiyuán zhuǎnwéi quánnián shǎo zēng bā bǎi sì shí qī yì měiyuán ;

외관국 국제수지 보고서는, 2011년, 중국 교역이 야기한 외화보유고는 이전 3/4분기 전년도 동기와 대비하여 훨씬 증가한 888억 미국 달러에서 한 해 전체로 약간 증가한 847억 미국 달러로 바뀌었음을 나타냈다.

国际收支报告(guójì shōuzhī bàogào)：국제수지 보고서.

显示(xiǎnshì)：나타내다. 보여주다. 3-5.

交易(jiāoyì)：1. 명 교역. 거래. 장사.
2. 동 교역하다. 거래하다. 매매하다. 사고 팔다.

引起(yǐnqǐ)：동 (주의를) 끌다. 야기하다. 불러일으키다. (사건 등을) 일으키다.

由(yóu)：1. 개 …에서(부터). 〔동작의 기점이나 변화의 출처를 이끌어 냄〕
2. 개 …(으)로부터. …에서. …을 통하여.
3. 개 …이〔가〕. …에서. …(으)로부터.

4. 개 …(으)로부터. …에 의해.
5. 개 …로 인하여. …로 말미암아. …를 통하여.

转(zhuǎn) : 1. 동 (방향 · 위치 · 상황 등이) 돌다. 바꾸다. 바뀌다. 전환하다.
2. 동 전하다.

转(zhuàn) : 1. 동 돌다. 회전하다.
2. 동 한가하게 돌아다니다.
3. 양 바퀴.

由(yóu)A转为(zhuǎnwéi)B : A에서 B로 바뀌다.

前(qián) : 이전. 전기. 3-2.

季度(jìdù) : 분기. 4분기. 3-6.

同比(tóngbǐ) : 전년도 동기와 대비하다. 4-2.

多(duō) : 1. 형 (수량이) 많다.
2. 동 초과하다. 증가하다. 늘어나다. 많아지다.
3. 부 훨씬. 월등히.

增(zēng) : 동 증가하다. 늘다. 보태다. 첨가하다. 많아지다.

多增 : 훨씬 증가하다.

全年(quánnián) : 한 해 전체. 연간. 3-2.

少(shǎo) : 1. 부 약간. 잠시. 조금.
2. 형 적다.
3. 동 모자라다. 결핍되다.

少增 : 약간 증가하다.

11) 而比较外管局与央行的数据会发现，2011年由于汇率估值等非交易因素，中国外储缩水540亿美元。

ér bǐjiào wàiguǎnjú yǔ yānghháng de shùjù huì fāxiàn, èr líng yī yī nián yóuyú huìlǜ gūzhí děng fēi jiāoyì yīnsù, zhōngguó wàichǔ suōshuǐ wǔ bǎi sì shí yì měiyuán。

그러나 외관국과 중앙은행의 데이터를 비교하면, 2011년에 환율 평가 등 비교역 요소로 인하여, 중국 외화보유고는 540억 미국 달러로 감소되었음을 발견할 수 있다.

比较(bǐjiào)：1. 동 비교하다.
2. 부 비교적. 상대적으로.
3. 개 …에 비해. …보다.

央行(yānghang)：中央银行(zhōngyāng yínháng, 중앙은행) 즉 中国人民银行(중국인민은행)의 약칭. 혹은 人行(rénháng)이라 칭함.

会(huì)：…할 가능성이 있다. → …할 수 있다. 1-9.

发现(fāxiàn)：1. 동 발견하다. 알아차리다.
2. 명 발견.

汇率(huìlǜ)：환율. 1-5.

估值(gūzhí)：1. 명 평가.
2. 동 평가하다. 수량 · 값을 매기다〔치다〕.

非(fēi)：1. 접두 명사 앞에 쓰여 어떠한 범위에 속하지 않음을 나타냄. 비~.
2. 동 …이 아니다. 〔不是에 상당하며, 부정적인 판단을 표시함〕
3. 동 …에 맞지 않다. 위배하다.
4. 동 그르다고 여기다. 옳지 않다고 여기다. 반대하다. 비난하다.
5. 명 과실. 잘못.

因素(yīnsù)：(구성)요소. 3-7.

非交易因素：비교역 요소.

缩水(suōshuǐ)：1. 동 물에 담가 줄이다.
2. 동 물에 젖어 줄어들다〔오그라들다〕. → 감소〔축소〕하다. *

4. 번역 중국 자본의 대외 수출

중국의 대외투자 수익은 장기적으로 적자이고, 작년은 마이너스 268억 미국 달러이었다

이것은 누구를 원망하는가? 줄곧 계속된 '저수익 · 고비용'의 모델을 모두 책망한다. 알고 보니, 중국 대외투자는 공적 외화보유고 자산을 위주로 하는데, 그러나 이 부분의 투자수익은 제한적이고, 미국 채권에 주로 투자했다.

전문가는 3~5%가량으로 예측하지만, 그러나 대외 금융 부채 중에서, 또한 해외직접투자를 위주로 하고, 그것은 중국의 실물자산에 주로 투자하고, 관련 기구는 해외직접투자 수익률이 대략 18~20%가량에 있을 것이라고 예측하며, 바꾸어 말해, 중국의 거액 해외 자산수익은 매우 낮지만, 그러나 대외 부채의 비용은 오히려 극히 높았다.

최대의 비밀은, 마이너스 268억 미국 달러의 순투자이익 중에, 권위자의 실증에 의하면, 중국 2011년 외화보유고의 투자수익도 그 중에 숨어 있다는 것이다. 그러나 마이너스 268억 미국 달러는 해외직접투자의 중국 내 투자 소득과 중국 자본의 대외수출(외화보유고의 대외투자와 대외직접투자를 포함한) 소득 이윤의 상계이기 때문에, 그래서 외화보유고의 작년 실제 투자수익의 데이터를 추산하기 어렵다.

그러나, 외관국 국제투자 보고서의 관련 서술 중에서, 역시 작년 외화보유고 투자의 대략적 성과를 엿볼 수 있었다.

외관국 국제수지 보고서는, 2011년, 중국 교역이 야기한 외화보유고는 이전 3/4분기 전년도 동기와 대비하여 훨씬 증가한 888억 미국 달러에서 한 해 전체로 약간 증가한 847억 미국 달러로 바뀌었음을 나타냈다. 그러나 외관국과 중앙은행의 데이터를 비교하면, 2011년에 환율 평가 등 비교역 요소로 인하여, 중국 외화보유고는 540억 미국 달러로 감소되었음을 발견할 수 있다. *

第六课

对中国新能源的贸易战

第六课 对中国新能源的贸易战

1. 원문 未来针对中国新能源的贸易战可能会更多

在此前，印度可再生能源部长卡普尔对媒体曾公开表示，一些印度企业正在加紧向该国政府游说，要求对进口自中国的薄膜太阳能光电板征收15%的反倾销关税。

据了解，印度光伏电池制造商已多次向印度商会提交反倾销申诉书，但由于产品范围界定方面存在问题，印度政府已经让申诉方进行了多次范围修改。

印度在今年7月发生了11年来最大规模的停电事故，电力网络出现问题和能源结构亟待调整折射出太阳能等可再生能源的发展机会。该国也出台各种可再生能源发展目标及补贴计划，把其2020年可再生能源目标从6%提高至15%，并希望对外资敞开国门以引导新能源经济。而中国作为占据大比例电力设备和低价太阳能产品的供应国，将由此获得市场潜力。

传统欧美市场多方围堵，中国光伏业阴云笼罩。虽然印度目前在中国光伏海外市场中所占份额还不大，但作为新兴市场，印度或许是中国企业在亚洲地区的最好选择之一。

对此，阿特斯太阳能政府关系及业务发展总监张谦表示，如果印度对中国企业进行反倾销调查，企业将会像应对欧美“双反”调查一样采取抗辩措施。

출처: 中国证券网 http://news.xinhuanet.com/fortune/2012-09/17/c_123722557.htm

2. 발음 duì zhōngguó xīnnéngyuán de màoyìzhàn

wèilái zhēnduì zhōngguó xīnnéngyuán de màoyìzhàn kěnéng huì gèng duō

zài cǐqián，yìndù kězàishēngnéngyuán bùzhǎng kǎpǔěr duì méitǐ céng gōngkāi biǎoshì，yìxiē yìndù qǐyè zhèngzài jiājǐn xiàng gāi guó zhèngfǔ yóushuì，yāoqiú duì jìnkǒu zì zhōngguó de bómó tàiyángnéng guāngdiànbǎn zhēngshōu bǎifēnzhī shí wǔ de fǎn qīngxiāo guānshuì。

jù liǎojiě，yìndù guāngfú diànchí zhìzàoshāng yǐ duōcì xiàng yìndù shānghuì tíjiāo fǎn qīngxiāo shēnsùshū，dàn yóuyú chǎnpǐn fànwéi jièdìng fāngmiàn cúnzài wèntí，yìndù zhèngfǔ yǐjīng ràng shēnsùfāng jìnxíng le duōcì fànwéi xiūgǎi。

yìndù zài jīnnián qī yuè fāshēng le shí yī nián lái zuìdà guīmó de tíngdiàn shìgù，diànlì wǎngluò chūxiàn wèntí hé néngyuán jiégòu jídài tiáozhěng zhéshè chū tàiyángnéng děng kězàishēngnéngyuán de fāzhǎn jīhuì。gaī guó yě chūtái gè zhǒng kězàishēngnéngyuán fāzhǎn mùbiāo jí bǔtiē jìhuà, bǎ qí èr líng èr líng nián kězàishēngnéngyuán mùbiāo cóng bǎifēnzhī liù tígāo zhì bǎifēnzhī shí wǔ, bìng xīwàng duì wàizī chǎngkāi guómén yǐ yǐndǎo xīnnéngyuán jīngjì。ér zhōngguó zuòwéi zhānjù dà bǐlì diànlì shèbèi hé dījià tàiyángnéng chǎnpǐn de gōngyìngguó, jiāng yóucǐ huòdé shìchǎng qiánlì。

chuántǒng ōu měi shìchǎng duōfāng wéidǔ, zhōngguó guāngfúyè yīnyún lóngzhào。suīrán yìndù mùqián zài zhōngguó guāngfú haǐwài shìchǎng zhōng suǒ zhān fèn'é hái búdà, dàn zuòwéi xīnxīng shìchǎng, yìndù huòxǔ shì zhōngguó qǐyè zài yàzhōu dìqū de zuìhǎo xuǎnzé zhīyī。

duì cǐ, ātèsī tàiyángnéng zhèngfǔ guānxi jí yèwù fāzhǎn zǒngjiān Zhāng Qiān biǎoshì, rúguǒ yìndù duì zhōngguó qǐyè jìnxíng fǎn qīngxiāo diàochá, qǐyè jiāng huì xiàng yìngduì ōu měi “shuāng fǎn” diàochá yíyàng cǎiqǔ kàngbiàn cuòshī。

3. 해설 중국 대체에너지에 대한 무역전쟁

1) 对中国新能源的贸易战

duì zhōngguó xīnnéngyuán de màoyìzhàn
중국 대체에너지에 대한 무역전쟁

对(duì) : …에 대해(서). …에 대하여. 2-10.
新能源(xīnnéngyuán) : 명 대체에너지. 신에너지. 새로운 에너지 자원.
能源(néngyuán) : 명 에너지원(energy源). 에너지.
贸易(màoyì) : 무역. 1-1.
战(zhàn) : 1. 명 전투. 전쟁.
2. 명 싸움. 겨룸. 시합. 경쟁.
3. 동 싸우다. 전쟁하다.
贸易战(màoyìzhàn) : 명 무역전쟁.

2) 未来针对中国新能源的贸易战可能会更多

wèilái zhēnduì zhōngguó xīnnéngyuán de màoyìzhàn kěnéng huì gèng duō
미래에 중국의 대체에너지를 겨냥한 무역전쟁이 아마도 더 많을 것이다

未来(wèilái) : 미래. 미래의. 향후. 4-1.
针对(zhēnduì) : 동 겨누다. 조준하다. 초점을 맞추다.
可能(kěnéng) : 아마도. 3-8.
会(huì) : …할 것이다. 1-9.
更(gèng) : 1. 부 더욱. 더. 훨씬. 한층 더. 가일층. 더군다나. 보다 더.
2. 부 다시. 또. 또한. 되풀이해서. 게다가.

更(gēng) : 1. 통 변경하다. 고치다. 바꾸다.
2. 통 경험하다.
3. 명 경. 〔야간시간 단위. 하룻밤을 오경으로 나눔. 1경은 약 2시간임〕

多(duō) : 많다. 5-10.

更多(gèng duō) : 더 많다. 더 많이. 더 많은 것.

3) 在此前，印度可再生能源部长卡普尔对媒体曾公开表示，一些印度企业正在加紧向该国政府游说，要求对进口自中国的薄膜太阳能光电板征收15%的反倾销关税。

zài cǐqián, yìndù kězàishēngnéngyuán bùzhǎng Kǎpǔěr duì méitǐ céng gōngkāi biǎoshì, yìxiē yìndù qǐyè zhèngzài jiājǐn xiàng gaī guó zhèngfǔ yóushuì, yāoqiú duì jìnkǒu zì zhōngguó de bómó tàiyángnéng guāngdiànbǎn zhēngshōu bǎifēnzhī shí wǔ de fǎn qīngxiāo guānshuì。

이전에, 인도 재생에너지부 장관 카푸얼은, 일부 인도 기업이 인도 정부에 대한 유세를 한창 강화하면서, 중국으로부터 수입하는 박막 태양전지판에 대해 15%의 반덤핑 관세를 징수하도록 요구한다고 대중매체에게 이미 공개적으로 표명했다.

此前(cǐqián) : 명 이전.

印度(yìndù) : 명 인도(India).

可再生能源(kězàishēng néngyuán) : 명 재생에너지. 신재생에너지.

可再生(kězàishēngde) : 재활용의. 재생의.

可再生资源(kězàishēng zīyuán) : 명 재생 자원.

部长(bùzhǎng) : 1. 명 (중앙 정부 각 부의) 장관.
2. 명 기업이나 단체 내 각 부서의 책임자. 부장.

卡普尔(Kǎpǔěr) : 카푸얼. 〔사람 이름〕

媒体(méitǐ) : 명 대중매체. 매스 미디어(mass media).

曾(céng) : 부 일찍이. 이미. 벌써. 이전에.

公开(gōngkāi) : 1. 형 공개적인. 터놓은. 드러난.
2. 통 공개하다. 공개되다. → 공개적으로.

正在(zhèngzài) : 부 지금〔한창〕 …하고 있다. 〔동작 · 행위가 진행 중임을 나타냄〕

加紧(jiājǐn) : 동 강화하다. 박차를 가하다. 다그치다. 속도를 내다. 서둘러 하다.

向(xiàng) : …(으)로. …에게. …을 향하여. 4-8.

该(gāi) : 1. 대 (앞에서 언급한) 이. 그. 저. 〔此 · 这个에 상당함〕

2. 동 (마땅히) …해야 한다. …하는 것이 당연하다.

3. 동 …의 차례〔순서〕이다.

4. 동 …할 만하다. …해도 싸다. …하는 게 당연하다. 쌤통이다.

该国(gāi guó) : 이 국가. 그 국가.

游说(yóushuì) : 동 유세하다. 자기의 의견 · 주장을 펼치다.

向该国政府游说 : 이 국가(인도) 정부에게 유세하다. → 인도 정부에 대한 유세.

要求(yāoqiú) : 1. 동 요구하다. 요망하다.

2. 명 요구. 요망.

对(duì) : …에 대해(서). 2-10.

进口(jìnkǒu) : 수입하다. 3-7.

自(zì) : 1. 개 …에서부터. …에서 시작하여. 〔从 · 由에 상당함〕

2. 대 자기. 자신.

3. 부 몸소. 친히. 스스로.

4. 부 자연히. 당연히.

薄膜(bómó) : 명 박막. 얇은 막.

太阳能(tàiyángnéng) : 명 태양 에너지.

光电(guāngdiàn) : 명 광전기(에너지). 빛에 의하여 산생되는 전기에너지.

板(bǎn) : 1. 명 (~儿) 널빤지. 널. 판. 판자.

2. 동 정색하다. (표정이) 굳어지다. 엄숙한 기색을 띠다.

3. 동 생기가 없다. 융통성이 없다. 무미건조하다. 뻣뻣하다. 딱딱하다.

光电板(guāngdiàn bǎn) : 太阳能光电板(tàiyángnéng guāngdiàn bǎn). 태양전지판.

光伏电池板(guāngfú diànchíbǎn).

太阳能光伏电池板(tàiyángnéng guāngfú diànchí bǎn).

光伏(guāngfú) : 명 태양광 발전.

电池(diànchí) : 명 전지.

电池板(diànchí bǎn) : 전지판.

对进口自中国的薄膜太阳能光电板 : 중국으로부터 수입하는 박막 태양전지판에 대해.

征收(zhēngshōu) : 동 (공출미나 세금을) 징수하다.

反(fǎn) : 1. 형 거꾸로의. 반대의. 뒤집힌.
2. 동 뒤집다. 바꾸다.
3. 동 돌아가다. 반대로 …하다.

倾销(qīngxiāo) : 동 덤핑(dumping) 판매하다. 투매하다.

反倾销(fǎnqīngxiāo) : 1. 명 반덤핑(Anti-Dumping).
2. 동 반덤핑하다.

关税(guānshuì) : 명 관세.

4) 据了解，印度光伏电池制造商已多次向印度商会提交反倾销申诉书，但由于产品范围界定方面存在问题，印度政府已经让申诉方进行了多次范围修改。

jù liǎojiě, yìndù guāngfú diànchí zhìzàoshāng yǐ duōcì xiàng yìndù shānghuì tíjiāo fǎnqīngxiāo shēnsùshū, dàn yóuyú chǎnpǐn fànwéi jièdìng fāngmiàn cúnzài wèntí, yìndù zhèngfǔ yǐjīng ràng shēnsùfāng jìnxíng le duōcì fànwéi xiūgǎi。

조사에 의하면, 인도 태양전지 제조업체가 이미 여러 번 인도 상인연합회에게 반덤핑 청구서를 제출했지만, 그러나 제품 범위의 규정 방면에 문제가 존재하기 때문에, 인도 정부는 이미 청구자가 여러 번 범위를 수정하도록 시켰다.

据(jù) : …에 의하면. 2-3.

了解(liǎojiě) : 1. 동 자세하게 알다. 이해하다.
2. 동 조사하다. 알아내다. 알아보다. 진상을 알다.

据了解(jù liǎojiě) : 조사에 의하면.

制造商(zhìzàoshāng) : 명 제조업체. 메이커.

已(yǐ) : 이미. 벌써. 2-10.

多次(duōcì) : 형 여러 번의. 다수의.

商会(shānghuì) : 1. 명 (각종 업종의) 상인 연합회. 상인 단체.
2. 명 상인 연합회 사무실.

提交(tíjiāo) : 동 제출하다. 제기하다. 제안하다. 회부하다.

申诉(shēnsù) : 동 제소하다. 고소하다. 상고하다. 호소하다. 하소연하다.

申诉书(shēnsùshū)：명 청구서.

由于(yóuyú)：… 때문에. 4-10.

产品(chǎnpǐn)：명 생산품. 제품.

范围(fànwéi)：범위. 1-7.

界定(jièdìng)：동 한계를 정하다. 범위를 확정하다. → (한계) 규정. (범위) 확정.

方面(fāngmiàn)：명 방면. 부분. 분야. 영역. 측(면). 쪽.

存在(cúnzài)：1. 동 존재하다. 현존하다. 점유하고 있다.
2. 명 존재.

问题(wèntí)：명 문제. 숙제. 고장.

由于产品范围界定方面存在问题：제품 범위의 규정 방면에 문제가 존재하기 때문에

政府(zhèngfǔ)：정부. 4-10.

已经(yǐjīng)：이미. 3-6

让(ràng)：1. 동 …하게 하다. …하도록 시키다.
2. 동 사양하다. 양보하다.
3. 동 권하다.
4. 개 …에게 …되다. …에 의해서 …되다.

申诉方(shēnsùfāng)：청구자. 제소자. 하소연하는 측.

进行(jìnxíng)：1. 동 앞으로 나아가다. 전진하다. 행진하다. 진행하다.
2. 동 (어떤 일에) 종사하다. (어떤 활동을) 진행하다.

修改(xiūgǎi)：동 (원고를) 고치다. 수정하다. 수선하다. → 수정. 수선.

进行修改：수정을 진행하다. → 수정하다.

进行了多次范围修改：여러 번의 범위 수정을 진행하다.
→ 여러 번 범위를 수정하다.

5) 印度在今年7月发生了11年来最大规模的停电事故，电力网络出现问题和能源结构亟待调整折射出太阳能等可再生能源的发展机会。

yìndù zài jīnnián qī yuè fāshēng le shí yī nián lái zuìdà guīmó de tíngdiàn shìgù, diànlì wǎngluò chūxiàn wèntí hé néngyuán jiégòu jídài tiáozhěng zhéshè chū tàiyángnéng děng kězàishēngnéngyuán de fāzhǎn jīhuì。

인도에서는 금년 7월에 11년 이래로 최대 규모의 정전 사고가 발생하여, 전력 회로망에는 문제가 출현했고 그리고 에너지 구조는 태양에너지 등 재생에너지를 반영하는 발전 기회를 조속히 조정해야 한다.

发生(fāshēng)：통 생기다. 일어나다. 발생하다. 벌어지다. 출현하다.

来(lái)：1. 명 …동안. …이래.
2. 통 오다.
3. 통 (일이나 문제 등이) 닥치다. 발생하다.
4. 통 동사구〔개사구〕와 동사〔동사구〕 사이에 쓰여, 전자가 방법・태도, 후자가 목적임을 나타냄.
5. 통 다른 동사나 동사구 뒤에 쓰여 온 목적을 나타냄.
6. 통 어떤 동작을 하다. 〔의미가 구체적인 동사를 대체함〕
7. 통 다른 동사 앞에 쓰여 어떤 일을 하려는 것을 나타냄.

11年来：11년 이래로.

最大(zuìdà)：최대의. 5-7.

规模(guīmó)：규모. 3-6.

停电(tíngdiàn)：통 정전되다. 전력 공급이 중단되다. 단전되다. → 정전.

事故(shìgù)：명 사고.

电力(diànlì)：명 전력.

网络(wǎngluò)：1. 명 그물처럼 생긴 것. 그물 모양의 것.
2. 명 (그물 형태의) 조직. 계통. 망. 네트워크. 웹. 온라인.
3. 명 (전기) 회로망.

出现(chūxiàn)：출현하다. 2-8.

结构(jiégòu)：구조. 3-3.

亟待(jídài)：통 시급히〔긴급히・조속히〕 …해야 하다〔…을 기다리다・요하다〕.

调整(tiáozhěng)：통 조정하다. 조절하다.
折射(zhéshè)：1. 통 (사물의 면모를) 반영〔표현〕하다.
2. 통 (빛・음파 등이) 굴절하다.
出(chū)：통 (동사 뒤에 쓰여) 드러나거나 완성됨을 나타냄. 5-8.
折射出：반영해 내다. → 반영하다.
发展(fāzhǎn)：발전. 1-7.
机会(jīhuì)：명 기회. 시기. 찬스.

6) 该国也出台各种可再生能源发展目标及补贴计划，把其2020年可再生能源目标从6%提高至15%，并希望对外资敞开国门以引导新能源经济。

gaī guó yě chūtái gèzhǒng kězàishēngnéngyuán fāzhǎn mùbiāo jí bǔtiē jìhuà, bǎ qí èr líng èr líng nián kězàishēngnéngyuán mùbiāo cóng bǎifēnzhī liù tígāo zhì bǎifēnzhī shí wǔ, bìng xīwàng duì wàizī chǎngkāi guómén yǐ yǐndǎo xīnnéngyuán jīngjì。

이 국가도 각종 재생에너지의 발전 목표와 보조금 계획을 제기하고, 이 국가의 2020년 재생에너지 목표를 6%에서 15%로 향상시키며, 게다가 외자에 대해 대외 개방함으로써 대체에너지 경제를 유도하고자 희망한다.

出台(chūtái)：제기하다. 2-12.
种(zhǒng)：1. 명 종. 종류. 갈래.
2. 명 종자. 열매. 씨(앗).
3. 명 (~儿) 씨. 〔새로운 동물을 낳아 번식시키는 근원이 되는 것〕
各种(gèzhǒng)：형 각종의. 갖가지의.
目标(mùbiāo)：목표. 3-10.
及(jí)：1. 접 및. …와〔과〕.
2. 통 도달하다. 이르다. 미치다.
3. 통 대등하다. 필적하다. 견줄 수 있다. 〔주로 부정형으로 쓰임〕
补贴(bǔtiē)：1. 명 보조금. 수당.
2. 통 보조하다. 보태주다.

计划(jìhuà)：1. 동 계획하다. 기획하다. 꾸미다. …할 계획이다.
2. 명 계획. 작정. 방안.

把(bǎ)：1. 개 …으로. …을〔를〕 가지고. …하게 하다.
2. 명 묶음. 다발. 단.
3. 양 번. 차례. 줌. 움큼. 묶음. 다발. 단. 자루.
4. 동 독점하다. 독판치다. 장악하다. 통제하다.

其(qí)：1. 대 그〔그녀 · 그것〕. 그들〔그녀들 · 그것들〕.
2. 대 그의〔그녀의 · 그것의〕. 그들의〔그녀들의 · 그것들의〕.
3. 대 그것. 그런 것. 그런 모양.

其2020年可再生能源目标：그 (국가)〔→ 이 국가〕의 2020년 재생에너지 목표.

从(cóng)：…부터. …을 기점으로. 2-3.

提高(tígāo)：동 (위치 · 수준 · 질 등을) 제고하다. 향상시키다. 끌어올리다.

至(zhì)：…까지 미치다. 3-3.

并(bìng)：그리고. 또. 아울러. 게다가. 3-7.

希望(xīwàng)：희망하다. 3-10.

对(duì)：…에 대해(서). …에 대하여. 2-10.

外资(wàizī)：명 외자. 외국 자본.

敞开(chǎngkāi)：1. 동 활짝 열다.
2. 부 한껏. 마음대로. 마음껏. 실컷.
3. 동 풀다. 제한하지 않다.
4. 부 무제한으로.

国门(guómén)：명 변경. 국경. 수도의 성문.

敞开国门：국경을 활짝 열다. → 대외 개방하다. 대외 개방.

以(yǐ)：1. 접 …하여. …함으로써. …하기 위하여. 〔후자가 전자의 목적임〕
2. 개 …(으)로(써). …을 가지고. …을 근거로.
3. 개 …에게 …을 주다. 〔주는 대상을 끌어들임〕
4. 개 …에 의해. …에 따라. …에 근거하여.
5. 개 …때문에. …까닭에. …로 인하여.

引导(yǐndǎo)：유도하다. 인도하다. 2-11.

7) 而中国作为占据大比例电力设备和低价太阳能产品的供应国，将由此获得市场潜力。

ér zhōngguó zuòwéi zhànjù dà bǐlì diànlì shèbèi hé dījià tàiyángnéng chǎnpǐn de gōngyìngguó, jiāng yóucǐ huòdé shìchǎng qiánlì。

그래서 큰 비율의 전력 설비와 저가 태양에너지 제품을 점유하는 공급국가로서의 중국이, 이로 인해 시장 잠재력을 장차 획득할 것이다.

而(ér)：그래서. 4-12.

作为(zuòwéi)：…의 신분〔자격〕으로서. 1-12.

中国作为A, B.：중국은 A로서, B하다. → A로서의 중국이 B하다.

占据(zhànjù)：동 점거하다. 점유하다.

比例(bǐlì)：명 비. 비례. 비중. 비율.

设备(shèbèi)：1. 명 설비. 시설.
2. 동 갖추다. 설비하다.
3. 명 컴퓨터 부품과 컴퓨터 자체.

低价(dījià)：명 염가. 저가. 헐값.

供应国(gōngyìngguó)：명 공급국. 공급국가.

占据大比例电力设备和低价太阳能产品的供应国：큰 비율의 전력 설비와 저가 태양에너지 제품을 점유하는 공급국가.

将(jiāng)：장차. 3-2.

由此(yóucǐ)：1. 부 이에 근거하여. 이에 따라. 이로 인해. 이로써. 이리하여.
2. 부 이로부터. 이곳으로부터. 여기로부터. 여기에서.

获得(huòdé)：획득하다. 2-3.

市场(shìchǎng)：시장. 3-3.

潜力(qiánlì)：명 잠재능력. 잠재력. 저력.

8) 传统欧美市场多方围堵，中国光伏业阴云笼罩。

chuántǒng ōu měi shìchǎng duōfāng wéidǔ, zhōngguó guāngfúyè yīnyún lóngzhào。

전통적 유럽·미국 시장은 다방면으로 봉쇄되고, 중국 태양광산업은 검은 구름으로 휩싸였다.

传统(chuántǒng)：1. 명 전통.
2. 형 전통적이다. 역사가 유구한. 대대로 전해진.
3. 형 보수적이다. 수구적이다. 시대에 뒤처지는.

欧美(ōu měi)：명 구미. 유럽과 미국.

多方(duōfāng)：명 다방면. 갖은 방법. 다각도. 다자. → 다방면으로.

围堵(wéidǔ)：통 주위를 둘러싸다. 봉쇄하다. → 봉쇄되다.

光伏业(guāngfúyè)：光伏行业(guāngfú hángyè). 태양광산업.

行业(hángyè)：1. 명 직업. 직종. 업종.
2. 명 공업·상업의 유별〔종류〕.

阴云(yīnyún)：1. 명 음운. 검은 구름. → 검은 구름으로.
2. 명 무거운 분위기. 명랑하지 못한 기분.

笼罩(lóngzhào)：통 덮어씌우다. 뒤덮다. 휩싸이다. 자욱하다.

9) 虽然印度目前在中国光伏海外市场中所占份额还不大，但作为新兴市场，印度或许是中国企业在亚洲地区的最好选择之一。

suīrán yìndù mùqián zài zhōngguó guāngfú haǐwài shìchǎng zhōng suǒ zhàn fèn'é hái búdà, dàn zuòwéi xīnxīng shìchǎng, yìndù huòxǔ shì zhōngguó qǐyè zài yàzhōu dìqū de zuìhǎo xuǎnzé zhīyī。

비록 인도가 현재 중국 태양광 해외시장 중에서 점하는 점유율이 아직 크지 않지만, 그러나 신흥시장인 인도는 아마 중국 기업이 아시아지역에서 갖는 가장 좋은 선택 중 하나일 것이다.

虽然(suīrán)：1. 접 비록 …하지만〔일지라도〕. 설령 …일지라도.
2. 앞 구절 주어의 앞뒤에 쓰이며, 뒷구절에는 但是·可是·却是·

但 · 可 · 却 등이 호응하여 쓰임.

3. 뒷구절 주어 앞에 쓰이며, 뒷구절이 보충 설명의 역할을 함.

但(dàn)：그러나. 하지만. 4-6.

但是(dànshì)：접 그러나. 그렇지만. 하지만.

虽然A, 但〔是〕B.：비록 A하지만, 그러나 B하다.

目前(mùqián)：명 지금. 현재.

在(zài)…中(zhōng)：…에서. …중에서.

所(suǒ)：1. 조 명사+ ~ +동사의 형태로 쓰여, 중심어가 동사의 객체임을 나타냄.

2. 조 …되다. 〔为 또는 被+명사+ ~ +동사의 형태로 쓰여 피동을 나타냄〕

3. 조 …하는 바. 〔是+명사 · 대명사+ ~ +동사+的의 형태로 쓰여, 행위자와 동작과의 관계를 강조함〕

4. 조 (주로 단음절) 동사 앞에 ~+동사의 형태로 쓰여 그 동사와 함께 명사적 성분이 됨.

5. 명 장소. 곳.

6. 명 소. 〔기관 · 기타 사무를 보는 곳의 명칭에 쓰임〕

7. 양 채. 동. 〔집 · 건물을 세는 단위〕

8. 양 개. 하나. 〔학교 · 병원을 세는 단위〕

占(zhàn)：1. 동 (토지나 장소를) 차지하다. 점령〔점거〕하다.

2. 동 점용하다. 차지하다. 보유하다.

3. 동 (어떤 위치에) 처하다. 놓이다. (어떤 상황에) 속하다.

占(zhān)：동 점치다.

份额(fèn'é)：명 몫. 배당. 할당. 일부분. (상품의) 시장 점유율.

印度所占份额：명사+所+동사의 형태로, → 인도가 점하는 점유율.

还(hái)：아직. 2-4.

不大(búdà)：1. 형 그다지 …않다.

2. 형 많지 않다.

3. 형 크지 않다. 넓지 않다.

作为(zuòwéi)：…의 신분〔자격〕으로서. 1-12.

新兴(xīnxīng)：신흥의. 3-3.

作为新兴市场，印度…：신흥시장으로서, 인도… → 신흥시장인 인도….

或许(huòxǔ)：아마. 어쩌면. 혹시 (…인지 모른다). 1-8.

或许是…：아마 …일 것이다.

企业(qǐyè) : 기업. 2-4.

亚洲(yàzhōu) : 명 아시아. 아시아 주.

地区(dìqū) : 명 지역. 지구.

最好(zuìhǎo) : 1. 형 가장〔제일〕 좋다.
2. 부 가장 바람직한 것은. 제일 좋기는. …하는 게 제일 좋다.

选择(xuǎnzé) : 명 선택. 선택하다.

之一(zhīyī) : 명 …중의 하나.

中国企业在亚洲地区的最好选择 : 중국 기업의 아시아 지역에서의 가장 좋은 선택.
→ 중국 기업이 아시아 지역에서 갖는 가장 좋은 선택.

10) 对此，阿特斯太阳能政府关系及业务发展总监张谦表示，如果印度对中国企业进行反倾销调查，企业将会像应对欧美"双反"调查一样采取抗辩措施。

duì cǐ, ātèsī tàiyángnéng zhèngfǔ guānxi jí yèwù fāzhǎn zǒngjiān Zhāng Qiān biǎoshì, rúguǒ yìndù duì zhōngguó qǐyè jìnxíng fǎn qīngxiāo diàochá, qǐyè jiāng huì xiàng yìngduì ōu měi "shuāng fǎn" diàochá yíyàng cǎiqǔ kàngbiàn cuòshī。

이에 대해, CSI 정부관계 · 업무발전 총감독인 장챈은, 만약 인도가 중국 기업에 대해 반덤핑 조사를 진행한다면, 기업은 마치 유럽 · 미국의 '2개의 반관세' 조사에 대응하는 것과 같이 항변 조치를 장차 취할 수 있을 것이라고 표명했다.

对此(duì cǐ) : 이에 대해.

阿特斯太阳能(ātèsī tàiyángnéng) : CSI(Canadian Solar Inc.). 캐나다 회사의 중국 태양전지 생산공장.

关系(guānxi) : 1. 명 관계. 연줄.
2. 동 관계하다. 관련하다. 〔주로 到와 이어 씀〕
3. 명 (서로 관련된 것 사이의) 영향. 중요성. 〔没有 · 有와 씀〕

业务(yèwù) : 명 업무.

总监(zǒngjiān) : 명 총감독.

张谦(zhāng Qiān) : Zhang Qiān, 장챈. 〔사람 이름〕

表示(biǎoshì)：나타내다. 표시하다. 표명하다. 3-8.

如果(rúguǒ)：접 만약. 만일.

调查(diàochá)：동 (현장에서) 조사하다. → 조사.

进行反倾销调查：반덤핑 조사를 진행한다. → 반덤핑을 조사하다.

将(jiāng)：장차. 곧. 3-2.

会(huì)：…할 가능성이 있다. …할 것이다. 1-9.

像(xiàng)：동 (…와) 같다. 비슷하다. 닮다. 부 마치 (…인 것 같다 · 듯하다).

一样(yíyàng)：1. 형 같다. 동일하다. 한 가지이다.

2. 조 동사 혹은 명사성 어휘 뒤에 쓰여, 似的에 상당함.

似的(sìde)：조 …와 같다. …와 비슷하다.

像…一样：마치 …와 같다.

应对(yìngduì)：동 대응하다. 대답하다. 응답하다. 대처하다.

双反(shuāng fǎn)：双反关税(shuāng fǎn guānshuì, 2개의 반관세)의 약칭으로, ① 反倾销关税(반덤핑 관세)와 ② 反补贴关税(fǎn bǔtiē guānshuì, 상계 관세, 반보조금 관세)이다.

采取(cǎiqǔ)：1. 동 채택하다. 취하다. 강구하다.

2. 동 채취하다. 얻다.

抗辩(kàngbiàn)：동 항변하다. → 항변.

措施(cuòshī)：명 조치. 대책. *

4. 번역 중국 대체에너지에 대한 무역전쟁

미래에 중국의 대체에너지를 겨냥한 무역전쟁이 아마도 더 많을 것이다

이전에, 인도 재생에너지부 장관 카푸얼은, 일부 인도 기업이 인도 정부에 대한 유세를 한창 강화하면서, 중국으로부터 수입하는 박막 태양전지판에 대해 15%의 반덤핑 관세를 징수하도록 요구한다고 대중매체에게 이미 공개적으로 표명했다.

조사에 의하면, 인도 태양전지 제조업체가 이미 여러 번 인도 상인연합회에게 반덤핑 청구서를 제출했지만, 그러나 제품 범위의 규정 방면에 문제가 존재하기 때문에, 인도 정부는 이미 청구자가 여러 번 범위를 수정하도록 시켰다.

인도에서는 금년 7월에 11년 이래로 최대 규모의 정전 사고가 발생하여, 전력 회로망에는 문제가 출현했고 그리고 에너지 구조는 태양에너지 등 재생에너지를 반영하는 발전 기회를 조속히 조정해야 한다. 이 국가도 각종 재생에너지의 발전 목표와 보조금 계획을 제기하고, 이 국가의 2020년 재생에너지 목표를 6%에서 15%로 향상시키며, 게다가 외자에 대해 대외 개방함으로써 대체에너지 경제를 유도하고자 희망한다. 그래서 큰 비율의 전력 설비와 저가 태양에너지 제품을 점유하는 공급국가로서의 중국이, 이로 인해 시장 잠재력을 장차 획득할 것이다.

전통적 유럽 · 미국 시장은 다방면으로 봉쇄되고, 중국 태양광산업은 검은 구름으로 휩싸였다. 비록 인도가 현재 중국 태양광 해외시장 중에서 점하는 점유율이 아직 크지 않지만, 그러나 신흥시장인 인도는 아마 중국 기업이 아시아 지역에서 갖는 가장 좋은 선택 중 하나일 것이다.

이에 대해, CSI 정부관계 · 업무발전 총감독인 쟝챈은, 만약 인도가 중국 기업에 대해 반덤핑 조사를 진행한다면, 기업은 마치 유럽 · 미국의 '2개의 반관세' 조사에 대응하는 것과 같이 항변 조치를 장차 취할 수 있을 것이라고 표명했다.*

第七课

中美经贸关系的深化

第七课 中美经贸关系的深化

1. 원문 中美换届后首次高层接触受关注

就中美经贸关系来看，如今中美两国互为第二大贸易伙伴，据中方统计，2011年中美双边贸易额达4466亿美元。但是伴随经贸关系的深化，中美间经贸摩擦的频率也在增加。

北京大学国际关系学院教授朱峰表示，经贸领域中美合作与竞争并存，在这种情况下务实的对话沟通就更显重要。

朱峰称，王岐山此次访美，一方面是为取得本届中美商贸联委会的既定目标，另一方面也在表明，保持中美已有的协商机制的延续对中美双方经贸关系的积极意义。

时近岁末，王岐山此次美国之行，也是延续了今年以来中美高层频繁互动的趋势。今年2月，习近平成功访美，拉开了今年中美高层互动的序幕，之后中美两国元首分别在出席核安全峰会和G20峰会期间实现两次会晤，此外，美国国务卿希拉里今年里两度来华访问，中美两国防长也在今年实现互访。

对于未来一个时期中美关系的走向，中国国际问题研究所所长曲星认为，除了保证现有的各个层面的沟通机制畅通以外，还要扩大充实机制化的对话渠道，来管控分歧，扩大合作，避免战略误解误判。

출처: 中国新闻网 http://news.southcn.com/z/2012-12/18/content_60400142.htm

2. 발음 zhōng měi jīngmào guānxi de shēnhuà

zhōng měi huànjiè hòu shǒucì gāocéng jiēchù shòu guānzhù

jiù zhōng měi jīngmào guānxi lái kàn, rújīn zhōng měi liǎngguó hùwéi dìèr dà màoyì huǒbàn, jù zhōngfāng tǒngjì, èr líng yī yī nián zhōng měi shuāngbiān màoyì'é dá sì qiān sì bǎi liù shí liù yì měiyuán。 dànshì bànsuí jīngmào guānxi de shēnhuà, zhōng měi jiān jīngmào mócā de pínlǜ yě zài zēngjiā。

Běijīng Dàxué guójì guānxi xuéyuàn jiàoshòu Zhū Fēng biǎoshì, jīngmào lǐngyù zhōng měi hézuò yǔ jìngzhēng bìngcún, zài zhèzhǒng qíngkuàng xià wùshí de duìhuà gōutōng jiù gèng xiǎn zhòngyào。

Zhū Fēng chēng, Wáng Qíshān cǐcì fǎng měi, yìfāngmiàn shì wèi qǔdé běnjiè zhōng měi shāngmào liánwěihuì de jìdìng mùbiāo, lìng yìfāngmiàn yě zài biǎomíng, bǎochí zhōng měi yǐ yǒu de xiéshāng jīzhì de yánxù duì zhōng měi shuāngfāng jīngmào guānxi de jījí yìyì。

shí jìn suìmò, Wáng Qíshān cǐcì měiguó zhī xíng, yě shì yánxù le jīnnián yǐlái zhōng měi gāocéng pínfán hùdòng de qūshì。jīnnián èr yuè, Xí Jìnpíng chénggōng fǎng měi, lākāi le jīnnián zhōng měi gāocéng hùdòng de xùmù, zhīhòu zhōng měi liǎng guó yuánshǒu fēnbié zài chūxí hé ānquán fēnghuì hé G èr shí fēnghuì qījiān shíxiàn liǎng cì huìwù, cǐwài, měiguó guówùqīng Xīlālǐ jīnnián li liǎng dù lái huá fǎngwèn, zhōng měi liǎng guófángzhǎng yě zài jīnnián shíxiàn hùfǎng。

duìyú wèilái yígè shíqī zhōng měi guānxi de zǒuxiàng, zhōngguó guójì wèntí yánjiūsuǒ suǒzhǎng Qū Xīng rènwéi, chúle bǎozhèng xiànyǒu de gègè céngmiàn de gōutōng jīzhì chàngtōng yǐwài, hái yào kuòdà chōngshí jīzhìhuà de duìhuà qúdào, lái guǎnkòng fēnqí, kuòdà hézuò, bìmiǎn zhànlüè wùjiě wùpàn。

3. 해설 중국 · 미국 경제 · 무역 관계의 심화

1) 中美经贸关系的深化

zhōng měi jīngmào guānxi de shēnhuà
중국 · 미국 경제 · 무역 관계의 심화

中(zhōng) : 중국. 3-2.
美(měi) : 1. 명 미국.
2. 형 아름답다. 예쁘다. 곱다. 어여쁘다.
3. 형 좋다. 훌륭하다.
4. 동 미화하다. 아름답게 하다〔가꾸다 · 꾸미다〕.
中美(zhōng měi) : 중국 · 미국. 중 · 미.
经贸(jīngmào) : 명 经济(jīngjì, 경제)와 贸易(màoyì, 무역)의 통칭. 경제 · 무역.
关系(guānxi) : 관계. 6-10.
深化(shēnhuà) : 1. 동 심화되다. → 심화.
2. 동 심화시키다. 더욱 깊은 단계로 발전시키다.

2) 中美换届后首次高层接触受关注

zhōng měi huànjiè hòu shǒucì gāocéng jiēchù shòu guānzhù
중국 · 미국의 정권 교체 이후 최초의 고위층 접촉이 주목을 받다

换(huàn) : 1. 동 교체하다. 바꾸다. 변환하다.
2. 동 교환하다.
3. 동 환전하다. 바꾸다.
届(jiè) : 1. 양 회. 기. 차. 〔정기적 회의 또는 졸업생 등에 쓰임〕

2. 동 (예정된 때에) 이르다. 다다르다.

换届(huànjiè) : 동 (임원의 임기가 만료되어) 새 임원으로 교체하다.
→ (임기 만료에 의한) 임원 교체. 정권 교체.

中美换届后 : 중국 · 미국의 정권 교체 이후.

首次(shǒucì) : 명 최초. 처음. 첫 번째. 제1회.

高层(gāocéng) : 고위층. 1-2.

接触(jiēchù) : 1. 동 접촉〔접근 · 교제 · 왕래〕하다. 관계를 갖다. → 접촉. 왕래.
2. 동 닿다. 접촉하다.
3. 동 교전하다.

受(shòu) : 받다. 2-8.

关注(guānzhù) : 1. 명 관심. 중시. 주목.
2. 동 주시하다. 관심을 가지(고 중시하)다. 배려하다.

受关注 : 주목을 받다.

3) 就中美经贸关系来看，如今中美两国互为第二大贸易伙伴，据中方统计，2011年中美双边贸易额达4466亿美元。

jiù zhōng měi jīngmào guānxi lái kàn, rújīn zhōng měi liǎng guó hùwéi dìèr dà màoyì huǒbàn, jù zhōngfāng tǒngjì, èr líng yī yī nián zhōng měi shuāngbiān màoyì'é dá sì qiān sì bǎi liù shí liù yì měiyuán。

중국 · 미국의 경제 · 무역 관계에서 보면, 오늘날 중 · 미 양국은 두 번째로 큰 무역 동반자가 서로 되고, 중국측의 통계에 의하면, 2011년 중 · 미 쌍방의 무역액이 4,466억 미국 달러에 달했다.

就(jiù) : 1. 개 …에 대하여. …에 관하여.
2. 개 …하는 김에. …을 틈타. (시간 · 기회를) 이용하여.
3. 개 동작이 일어나는 시점에서 가까운 장소.
4. 부 곧. 즉시. 바로. 당장.
5. 부 이미. 벌써. 일찍이.
6. 부 …하자마자 곧〔바로〕.
7. 부 …면. …인 이상. …한 바에는.
8. 부 본래. 원래.

来看(láikàn)：…에서 보면, …에게 있어서. 3-3.

就(jiù)…来看(láikàn)：…에 대해 보면. …에서 보면.

如今(rújīn)：명 (비교적 먼 과거에 대하여) 지금. 이제. 오늘날. 현재.

两(liǎng)：1. 수 둘.
2. 수 두어. 몇몇.
3. 명 쌍방. 양측.

国(guó)：1. 명 국가. 나라.
2. 명 나라를 대표하거나 상징하는 것.
3. 명 자기 나라의 것. 본국의 것. 자국의 것.

两国(liǎng guó)：양국. 두 나라. 두 국가.

互为(hùwéi)：동 서로 …(의 관계)가 되다.

第二(dìèr)：둘째, 제이.

第二大(dìèr dà)：두 번째로 큰.

贸易(màoyì)：무역. 1-1.

伙伴(huǒbàn)：명 동료. 친구. 동반자.

据(jù)：…에 의하면. 2-3.

中方(zhōngfāng)：명 중국측.

统计(tǒngjì)：1. 동 통계하다.
2. 명 통계.
3. 동 합산하다. 합계하다.

双边(shuāngbiān)：명 양자. 쌍방. 양국. 쌍무.

贸易额(màoyì'é)：무역액. 1-8.

达(dá)：1. 동 도달하다. 도착하다. 이르다. 달성하다.
2. 동 통달하다. 정통하다. 확실하게 이해하다.
3. 동 통하다.

亿(yì)：억. 3-5.

美元(měiyuán)：미국 달러. 3-5.

4) 但是伴随经贸关系的深化，中美间经贸摩擦的频率也在增加。

dànshì bànsuí jīngmào guānxi de shēnhuà, zhōng měi jiān jīngmào mócā de pínlǜ yě zài zēngjiā。

그러나 경제 · 무역 관계의 심화에 따라서, 중 · 미 사이 경제 · 무역 마찰의 빈도수도 증가하고 있다.

但是(dànshì)：그러나. 하지만. 6-9.

伴随(bànsuí)：동 따라가다. 함께 가다. 동행하다. 수행하다. → 따라서.

伴随着(bànsuízhe)： …에 맞추어.

间(jiān)：1. 명 사이. 중간. 가운데.
2. 명 일정한 범위의 안.
3. 명 방. 실.
4. 양 칸. 〔방을 세는 단위〕

间(jiàn)：1. 명 (~儿) 틈. 사이.
2. 명 (감정상의) 알력. 틈. 간격. 격의.
3. 형 간접적인.
4. 동 나누다. 분리하다. 이간질시키다. 가로막다.
5. 동 사이를 두다. 틈이 생기게 하다. 이간시키다.

摩擦(mócā)：1. 동 마찰하다. 비비다.
2. 명 마찰.
3. 명 (개인이나 단체 사이의) 마찰. 알력. 불화. 충돌.

频率(pínlǜ)：1. 명 빈도(수).
2. 명 주파수.

在(zài)：마침 …하고 있다. 1-2.

增加(zēngjiā)：증가하다. 4-9.

在增加：증가하고 있다. 증가하고 있는 중이다.

5) 北京大学国际关系学院教授朱峰表示，经贸领域中美合作与竞争并存，在这种情况下务实的对话沟通就更显重要。

Běijīng Dàxué guójì guānxi xuéyuàn jiàoshòu Zhū Fēng biǎoshì, jīngmào lǐngyù zhōng měi hézuò yǔ jìngzhēng bìngcún, zài zhèzhǒng qíngkuàng xià wùshí de duìhuà gōutōng jiù gèng xiǎn zhòngyào。

베이징대학교 국제관계대학 교수 주펑의 의견에 의하면, 경제・무역 영역에서 중・미의 협력과 경쟁이 병존하고, 이런 상황 하에서 실무적인 대화 소통이 바로 중요성을 더욱 나타낸다.

北京(Běijīng)：명 베이징. 북경.

大学(dàxué)：명 (종합) 대학교.

国际(guójì)：국제. 2-6.

关系(guānxi)：관계. 6-10.

学院(xuéyuàn)：명 (단과) 대학.

北京大学(Běijīng Dàxué)：베이징대학교. 북경대학교.

国际关系学院(guójì guānxi xuéyuàn)：국제관계대학.

教授(jiàoshòu)：1. 명 교수. 〔가르치는 사람〕

2. 동 (지식이나 기능을) 가르치다. 교수하다. 전수하다.

3. 명 교수. 〔가르치는 일〕

朱峰(Zhū Fēng)：Zhu Feng, 주펑. 〔사람 이름〕

表示(biǎoshì)：표명하다. → …(의 의견)에 의하면. 3-8.

领域(lǐngyù)：영역. 2-7.

合作(hézuò)：동 합작하다. 협력하다. → 합작. 협력.

与(yǔ)：1. 접 …와. …과. 및. 그리고.

2. 개 …와. …과. …함께.

3. 접 …거나. 또는.

4. 동 주다. 베풀다.

竞争(jìngzhēng)：동 경쟁하다. → 경쟁.

并存(bìngcún)：동 병존하다. 공존하다.

这种(zhèzhǒng)：대 이런 종류(의). 이와 같은.

情况(qíngkuàng)：상황. 3-9.

务实(wùshí)：1. 형 실무적인. 실제적인. 실용적인. 사실적인. 실속 있는.
2. 동 구체적 실제 사업을 수행하다. 실무적 사업 수행에 힘쓰다.
对话(duìhuà)：1. 동 대화하다.
2. 동 (양자 혹은 다자간에) 접촉하다. 담판하다.
3. 명 (소설 · 연극 가운데 인물 간의) 대화.
沟通(gōutōng)：동 소통하다. 교류하다. 서로 통하게 하다. → 소통.
更(gèng)：더. 더욱. 6-2.
显(xiǎn)：1. 형 분명하다. 뚜렷하다. 명확하다. 드러나다. 눈에 띄다.
2. 동 (밖으로) 드러내다. 보이다. 나타내다.
3. 형 (명성이 · 권세가) 높다. 성대하다. 자자하다.
重要(zhòngyào)：형 중요하다. → 중요성.
更显重要：중요성을 더욱 나타내다.

6) 朱峰称，王岐山此次访美，一方面是为取得本届中美商贸联委会的既定目标，另一方面也在表明，保持中美已有的协商机制的延续对中美双方经贸关系的积极意义。

Zhū Fēng chēng, Wáng Qíshān cǐcì fǎng měi, yìfāngmiàn shì wèi qǔdé běnjiè zhōng měi shāngmào liánwěihuì de jìdìng mùbiāo, lìng yìfāngmiàn yě zài biǎomíng, bǎochí zhōng měi yǐ yǒu de xiéshāng jīzhì de yánxù duì zhōng měi shuāngfāng jīngmào guānxi de jījí yìyì。

주펑에 의하면, 왕치샨의 이번 미국 방문이, 한편으로는 금회 중 · 미 JCCT의 기정 목표를 얻기 위한 것이고, 다른 한편으로는 중 · 미의 기존 협상 메커니즘의 지속이 중 · 미 쌍방 경제 · 무역 관계에 대해 갖는 긍정적 의미를 유지하는 것을 또한 표명하고 있다.

称(chēng)：1. 동 부르다. 칭하다. 일컫다. …(이)라고 부르다.
2. 동 (무게를) 측정하다. 재다. 달다.
3. 동 (…라고) 말하다. → …에 의하면.
4. 동 칭찬하다. 칭송하다. 치하하다.
5. 명 호칭. 명칭. 칭호.
王岐山(Wáng Qíshān)：Wang Qishan, 왕치샨. 〔사람 이름〕
2012년 11월 중국공산당 중앙정치국 상무위원 겸 국무원 부총리에 취임함.

此次(cǐcì)：명 이번. 금번.

访(fǎng)：1. 동 자문하다. 의견을 구하다.
2. 동 조사하다. 탐문하다. 찾다.
3. 동 방문하다.

访美(fǎng měi)：미국을 방문하다. 미국 방문. 방미.

一方面(yìfāngmiàn)：1. 명 일면. 한 방면. 한 면.
2. 접 한편으로 …하면서 …하다.

为(wèi)：…때문에. …덕택에. …하기 위하여. 1-15.

取得(qǔdé)：동 취득하다. 얻다.

本(běn)：1. 대 현재의. 이번의.
2. 명 (~儿) 책. 공책.
3. 명 (사물의) 근본. 근원. 기초.
4. 명 본전. 밑천. 원금.
5. 부 원래. 본래.
6. 대 (상대방에 대하여) 자기 쪽의.
7. 개 …에 근거하여〔의거하여〕.
8. 양 (책의) 권. (꽃이나 나무의) 송이. 그루. (난초의) 촉.

本届(běnjiè)：명 이번. 금회.

中美商贸联委会(zhōng měi shāngmào liánwěihuì)：中美商贸联合委员会, JCCT. (중·미상업무역연합위원회. China-US Joint Committee on Commerce and Trade).

商贸(shāngmào)：1. 명 상업과 무역.
2. 명 무역.
3. 명 상업.

联合(liánhé)：1. 동 연합하다. 결합하다. 단결하다. → 연합. 공동. 합동.
2. 형 연합한. 공동의. 여럿의.
3. 명 (뼈의) 결합.

委员会(wěiyuánhuì)：명 위원회.

既定(jìdìng)：형 기정의. 이미 정한.

目标(mùbiāo)：목표. 3-1.

另一方面(lìng yìfāngmiàn)：다른 한편으로는.

表明(biǎomíng)：표명하다. 3-6.

在表明：표명하고 있다.

保持(bǎochí)：유지하다. 3-3.

已(yǐ)：이미. 2-10.

已有的(yǐ yǒu de)：이미 가지고 있는. → 기존의.

协商(xiéshāng)：동 협상하다. 협의하다. → 협상. 협의.

机制(jīzhì)：1. 형 기계로 제조한.

2. 명 (기계 · 조직의) 메커니즘(mechanism). 체제. 시스템.

协商机制(xiéshāng jīzhì)：협상 메커니즘.

延续(yánxù)：동 계속하다. 지속하다. 연장하다. → 지속.

中美已有的协商机制的延续：중 · 미가 이미 가지고 있는 협상 메커니즘의 지속.

→ 중 · 미의 기존 협상 메커니즘의 지속.

对中美双方经贸关系：중 · 미 쌍방 경제 · 무역 관계에 대해.

积极(jījí)：긍정적. 적극적. 1-7.

意义(yìyì)：1. 명 의의. 의미. 뜻.

2. 명 의의. 작용. 가치.

积极意义：긍정적 의미.

保持(中美已有的协商机制的延续对中美双方经贸关系的积极意义)：

(중 · 미의 기존 협상 메커니즘의 지속이 중 · 미 쌍방 경제 · 무역 관계에 대해 갖는 긍정적 의미를) 유지하다.

7) 时近岁末，王岐山此次美国之行，也是延续了今年以来中美高层频繁互动的趋势。

shí jìn suìmò, Wáng Qíshān cǐcì měiguó zhī xíng, yě shì yánxù le jīnnián yǐlái zhōng měi gāocéng pínfán hùdòng de qūshì。

연말에 이르러, 왕치샨의 이번 미국 방문은, 금년 이래로 중 · 미 고위층이 빈번히 서로 왕래하는 추세를 또한 계속했다.

时(shí)：명 때. 시기. 3-10.

近(jìn)：1. 동 가까이 가다. 다가가다. 접근하다.

2. 형 (공간적 · 시간적 거리가) 가깝다. 짧다.

3. 형 (관계가) 가깝다. 밀접하다. 친하다.

岁末(suìmò)：명 세밑. 연말. 세모.
时近岁末(shí jìn suìmò)：때가 연말에 접근하다. → 연말에 이르러.
行(xíng)：1. 명 노정. 여정. 길.
2. 명 행위. 행동. 거동.
3. 동 좋다. …해도 좋다.
4. 동 걷다. 가다.
5. 동 외출하다. 여행하다.
美国之行(měiguó zhī xíng)：미국의 방문. 미국 방문. 방미.
今年(jīnnián)：명 올해. 금년.
以来(yǐlái)：이래. 5-3.
频繁(pínfán)：형 잦다. 빈번하다. → 빈번히.
互动(hùdòng)：1. 동 서로 왕래하다. → 상호 왕래.
2. 동 서로 영향을 주다. 상호 작용을 하다.
3. 명 상호 작용.
4. 동 교체하다. 경질하다.
趋势(qūshì)：추세. 3-7.

8) 今年2月，习近平成功访美，拉开了今年中美高层互动的序幕，之后中美两国元首分别在出席核安全峰会和G20峰会期间实现两次会晤，此外，美国国务卿希拉里今年里两度来华访问，中美两国防长也在今年实现互访。

jīnnián èr yuè, Xí Jìnpíng chénggōng fǎng měi, lākāi le jīnnián zhōng měi gāocéng hùdòng de xùmù, zhīhòu zhōng měi liǎng guó yuánshǒu fēnbié zài chūxí hé ānquán fēnghuì hé G èr shí fēnghuì qījiān shíxiàn liǎng cì huìwù, cǐwài, měiguó guówùqīng Xīlālǐ jīnnián li liǎng dù lái huá fǎngwèn, zhōng měi liǎng guófángzhǎng yě zài jīnnián shíxiàn hùfǎng。

금년 2월 시진핑의 성공적인 미국 방문은, 금년 중 · 미 고위층 상호 왕래의 서막을 열었고, 그 후 중 · 미 양국 국가원수가 각각 핵안보정상회의와 G20정상회의의 출석 기간에 두 차례의 회합을 실현했고, 이 밖에, 미국 국무장관 힐러리가 금년에 두 번 중국을 방문하고, 중 · 미 양국 국방장관도 금년에 상호 방문을 실현했다.

习近平(Xí Jìnpíng)：Xi Jinping, 시진핑. 〔사람 이름〕

1. 2012년 11월 중국공산당 총서기에 피선됨.

2. 2013년 3월 중화인민공화국 국가주석에 피선됨.

成功(chénggōng)：1. 동 성공하다. 이루다. → 성공.

2. 형 성공적이다. → 성공적으로.

习近平成功访美：시진핑이 성공적으로 미국을 방문하다.

→ 시진핑의 성공적인 미국 방문.

拉开(lākāi)：1. 동 힘껏 당겨서 열다〔나누다〕. 갈라 놓다.

2. 동 늘리다. 펼치다. 벌리다. 넓히다.

序幕(xùmù)：1. 명 서막.

2. 명 도입부.

3. 명 (큰 사건의) 발단. 시작.

之后(zhīhòu)：그 후. 그 다음.

元首(yuánshǒu)：1. 명 국가원수.

2. 명 군주. 임금.

分别(fēnbié)：1. 부 각각. 따로따로.

2. 동 헤어지다. 이별하다.

3. 동 구별하다. 분별하다. 식별하다.

期间(qījiān)：명 기간. 시간.

在(zài)…期间(qījiān)：… 기간에.

出席(chūxí)：동 회의에 참가하다〔참석하다 · 출석하다〕.

核(hé)：1. 명 핵.

2. 명 사물의 핵(심).

3. 명 과일의 씨. 핵.

安全(ānquán)：형 안전하다. → 안전. 안보.

峰会(fēnghuì)：명 정상회담.

核安全峰会(hé ānquán fēnghuì)：핵안보정상회의(Nuclear Security Summit).

在出席核安全峰会和G20峰会期间：핵안보정상회의와 G20정상회의의 출석 기간에.

实现(shíxiàn)：실현하다. 3-10.

两次(liǎng cì)：두 번.

会晤(huìwù)：동 만나다. 회견하다. → 회합. 회견.

此外(cǐwài)：이 밖에. 2-10.

国务卿(guówùqīng) : 명 (미국의) 국무부 장관. → 국무장관.

希拉里(Xīlālǐ) : Hillary Rodham Clinton, 힐러리 로댐 클린턴. 〔사람 이름〕
2009년 1월부 2013년 2월까지 미국 국무장관을 역임함.

里(li) : 1. 접 这, 那, 哪 등의 뒤에 쓰여 장소를 나타냄.
2. 명 안. 속. 가운데. 내부.

里(lǐ) : 1. 명 이웃. 인근.
2. 양 리. 〔길이의 단위로, 1리(里)는 500미터임〕
3. 명 고향.
4. 명 가운데. 안쪽. 내부. 일정 한계 이내.

今年里(jīnnián li) : 금년에.

度(dù) : 1. 양 회. 차.
2. 양 도. 〔호·각, 경도·위도, 온도 등의 단위〕
3. 명 법칙. 규칙. 준칙. 한도. 정도.

两度(liǎng dù) : 2회. 2차. 두 번.

华(huá) : 1. 명 (Hua) 중국. 중국어.
2. 형 번화하다. 번성하다. 번영하다.
3. 형 사치하다. 호화롭다.
4. 형 광채가 나다. 찬란하다. 밝게 빛나다. 눈부시다.

来华(lái huá) : 중국에 오다. 중국을 방문하다. 중국 방문.

访问(fǎngwèn) : 1. 동 방문하다. 회견하다. 취재하다. 인터뷰하다.
2. 동 (정식으로) 구경하다. 둘러보다.

来华访问 : 중국에 와서 방문하다. → 중국을 방문하다.

国防(guófáng) : 명 국방.

长(zhǎng) : 1. 명 (조직 집단의) 장. 우두머리. 책임자.
2. 명 나이가 많은 사람. 맏이.
3. 동 자라다.
4. 동 나다. 생기다.
5. 동 증강하다. 증진하다. 성장하다. 〔추상적인 사물에 쓰임〕
6. 형 나이가 많다.
7. 형 순서가 첫째이다. 맏이이다.

长(cháng) : 1. 형 (길이가) 길다.
2. 형 (시간이) 길다. 오래다.

3. 동 특별히 잘하다. 능숙하다. 뛰어나다.

国防长(guófángzhǎng) : 명 国防长官(guófáng zhǎngguān), 국방부 장관.
→ 국방장관.

长官(zhǎngguān) : 1. 명 장관. 상관. 상사. 상부. 지휘관.
2. 명 관리에 대한 존칭.

互访(hùfǎng) : 동 상호 방문하다. → 상호 방문.

9) 对于未来一个时期中美关系的走向，中国国际问题研究所所长曲星认为，除了保证现有的各个层面的沟通机制畅通以外，还要扩大充实机制化的对话渠道，来管控分歧，扩大合作，避免战略误解误判。

duìyú wèilái yígè shíqī zhōng měi guānxi de zǒuxiàng, zhōngguó guójì wèntí yánjiūsuǒ suǒzhǎng Qū Xīng rènwéi, chúle bǎozhèng xiànyǒu de gègè céngmiàn de gōutōng jīzhì chàngtōng yǐwài, hái yào kuòdà chōngshí jīzhìhuà de duìhuà qúdào, lái guǎnkòng fēnqí, kuòdà hézuò, bìmiǎn zhànlüè wùjiě wùpàn。

향후 시기의 중・미 관계 추세에 대해, 중국 국제문제연구소 소장 취싱의 의견에 의하면, 현존하는 각 방면 소통 메커니즘의 원활성을 확보하는 이외에, 또한 메커니즘화된 대화채널의 강화를 확대하여서, 불일치를 관리・통제하고, 협력을 확대하며, 전략적인 오해와 오판을 방지해야 한다.

对于(duìyú) : 개 …에 대해(서). …에 대하여.

未来(wèilái) : 미래. 향후. 4-10.

一个(yíge) : 1. 하나. 한 개.
2. 일개. 〔명사 앞에서 가치나 성질을 나타냄〕
3. 전체의.
4. 하나의. 같은 것인.

时期(shíqī) : 시기. 3-6.

未来一个时期 : 향후 한 시기. → 향후 시기. 미래 시기.

走向(zǒuxiàng) : 1. 명 (발전적) 추세. 흐름.
2. 동 어떤 방향을 향하여 발전하다.

3. 명 (산천 · 광맥 · 암층 · 도로 등의) 주향. 연장된 방향.

国际(guójì)：국제. 2-6.

问题(wèntí)：문제. 6-4.

研究所(yánjiūsuǒ)：명 연구소. 대학원.

国际问题研究所(guójì wèntí yánjiūsuǒ)：국제문제연구소.

所长(suǒzhǎng)：명 (연구소 등의) 소장.

所长(suǒcháng)：명 장점. 좋은 점. 뛰어난 점.

曲星(Qū Xīng)：Qu Xing, 취싱. 〔사람 이름〕

认为(rènwéi)：(…라고) 생각하다. 2-6.

对于A, B认为C：A에 대해, B는 C라고 생각하다.

→ A에 대해, B의 의견에 의하면, C이다. A에 대해, B의 의견은, C이다.

除了(chúle)：1. 개 …을 제외하고(는).

2. 개 …외에 또. …외에 …도. 〔还 · 也 · 只 등과 호응하여 사용함〕

3. 개 …(지) 않으면, …(을) 하다. 〔就是와 호응하여 사용함〕

以外(yǐwài)：명 이외. 이상. 밖. 〔주로 수량 · 시간 · 장소 · 범위 등을 가리킴〕

除了(chúle)…以外(yǐwài)：… 이외에(는). …을 제외하고(는).

保证(bǎozhèng)：1. 동 보증하다. 담보하다.

2. 동 확실히 책임지다. 확보하다.

3. 명 담보(물).

现有(xiànyǒu)：동 현재〔지금〕 있다. 현존하다. 지금 존재하다.

各个(gègè)：1. 대 각개의. 개개의. 각각의.

2. 부 하나하나(씩). 차례차례(로).

层面(céngmiàn)：명 방면. 영역. 범위. 층면.

沟通机制(gōutōng jīzhì)：소통 메커니즘. 소통 채널. 소통 기제.

畅通(chàngtōng)：형 원활하다. 잘 소통되다. → 원활성. 소통.

还(hái)：또. 또한. 2-4.

要(yào)： 1. 동 마땅히 …해야만 한다. …해야 한다.

2. 동 …할 것이다. …하려 하고 있다.

3. 동 …하고야 말 것이다. …하겠다. …할 것이다.

4. 접 만약. 만일. …하면.

5. 동 얻기〔가지기〕를 희망하다. 가지다. 소유하다.

6. 동 희망하다. 바라다. 원하다. 필요하다.

7. 동 필요로 하다. 걸리다. 들다.
8. 동 부탁하다. 요구하다. 청구하다.
9. 형 중요하다. 귀중하다. 가장 요긴하다.
10. 명 요점. 관건. 중요한 내용.

还要(hái yào) : 또한 …해야 하다.

要는 조동사로서, 다음 동사 扩大, 来管控, 扩大, 避免 등에 연관되어 있다.

扩大(kuòdà) : 확대하다. 1-5.

充实(chōngshí) : 1. 동 강화하다. 충족시키다. 보강하다.
2. 형 (내용 · 인원 · 재력 등이) 충분하다. 풍부하다. 넘치다.

机制化(jīzhìhuà) : 메커니즘화하다. 기제화하다. 체제화하다. 제도화하다.

渠道(qúdào) : 명 경로. 방법. 채널.

对话渠道(duìhuà qúdào) : 대화채널.

扩大充实机制化的对话渠道 : 메커니즘화된 대화채널을 강화함을 확대하다.
→ 메커니즘화된 대화채널의 강화를 확대하다.

来(lái) : 〔동사구와 동사의 사이에 쓰여 전자가 수단 · 방법을, 후자가 목적임을 나타냄〕. 6-5.

要A, 来B : A하여서, B해야 한다.

管控(guǎnkòng) : 동 관리하고 통제하다. 관리 · 통제하다.

分歧(fēnqí) : 1. 명 불일치. 상이. 다름. 차이(점).
2. 형 (사상 · 의견 · 기재 등이) 불일치하다. 어긋나다. 엇갈리다.

避免(bìmiǎn) : 동 (나쁜 상황을) 방지하다. 피하다. (모)면하다.

战略(zhànlüè) : 1. 명 전략.
2. 형 전략적인.

误解(wùjiě) : 1. 명 오해.
2. 동 오해하다.

误判(wùpàn) : 1. 동 오판하다. → 오판.
2. 동 오심하다. *

4. 번역 중국 · 미국 경제 · 무역 관계의 심화

중국 · 미국의 정권 교체 이후 최초의 고위층 접촉이 주목을 받다

중국 · 미국의 경제 · 무역 관계에서 보면, 오늘날 중 · 미 양국은 두 번째로 큰 무역 동반자가 서로 되고, 중국측의 통계에 의하면, 2011년 중 · 미 쌍방의 무역액이 4,466억 미국 달러에 달했다. 그러나 경제 · 무역 관계의 심화에 따라서, 중 · 미 사이 경제 · 무역 마찰의 빈도수도 증가하고 있다.

베이징대학교 국제관계대학 교수 주펑의 의견에 의하면, 경제 · 무역 영역에서 중 · 미의 협력과 경쟁이 병존하고, 이런 상황 하에서 실무적인 대화 소통이 바로 중요성을 더욱 나타낸다.

주펑에 의하면, 왕치샨의 이번 미국 방문이, 한편으로는 금회 중 · 미 JCCT의 기정 목표를 얻기 위한 것이고, 다른 한편으로는 중 · 미의 기존 협상 메커니즘의 지속이 중 · 미 쌍방 경제 · 무역 관계에 대해 갖는 긍정적 의미를 유지하는 것을 또한 표명하고 있다.

연말에 이르러, 왕치샨의 이번 미국 방문은, 금년 이래로 중 · 미 고위층이 빈번히 서로 왕래하는 추세를 또한 계속했다. 금년 2월 시진핑의 성공적인 미국 방문은, 금년 중미 고위층 상호 왕래의 서막을 열었고, 그 후 중 · 미 양국 국가원수가 각각 핵안보정상회의와 G20정상회의의 출석 기간에 두 차례의 회합을 실현했고,

이 밖에, 미국 국무장관 힐러리가 금년에 두 번 중국을 방문하고, 중 · 미 양국 국방장관도 금년에 상호 방문을 실현했다.

향후 시기의 중 · 미 관계 추세에 대해, 중국 국제문제연구소 소장 취싱의 의견에 의하면, 현존하는 각 방면 소통 메커니즘의 원활성을 확보하는 이외에, 또한 메커니즘화된 대화채널의 강화를 확대하여서, 불일치를 관리 · 통제하고, 협력을 확대하며, 전략적인 오해와 오판을 방지해야 한다. *

第八课

中朝黄金坪经济区

第八课 中朝黄金坪经济区

1. 원문 中朝黄金坪经济区探秘 外媒将其误读为"租界"

黄金坪经济区位于朝鲜平安北道鸭绿江下游，面积约为14.4平方公里，西北与中国辽宁省丹东市新城区相连，距在建的新的中朝鸭绿江公路大桥约4公里，具有沿边·沿江·沿海的独特区位优势。经济区至朝鲜新义州的水上航线，则是连接朝鲜半岛和欧亚大陆的重要通道。

朝鲜经济区的设立，被媒体解读为是朝鲜对外开放的重要举措和历史性标志。在朝鲜颁布的经济区法中，对经济区的定义是："经济区是在经济领域中实施优惠政策的朝鲜人民共和国特殊经济区。"

经济区的"特殊"体现在很多方面，但绝不是西方媒体所谓的"租界"。这种误读的原因之一，可能是因为经济区的土地开发方式和土地出让年限，即经济区内的土地"采用开发企业受让全部土地面积进行成片开发和经营"，出让期限或土地租借期限为50年。

外界更感兴趣的话题还有：特区谁来管·怎么管？是朝方独自管理，还是委托中方全权管理？

随着8月14日特区管委会在北京宣布正式成立，谜底终于揭开：管委会作为两国政府共同设立和任命的管理机构，是经济区的权力机构，对经济区统一领导·统一管理。

출처: 人民网 http://finance.people.com.cn/n/2012/1127/c1004-19705950-2.html

2. 발음 zhōng cháo huángjīnpíng jīngjìqū

zhōng cháo huángjīnpíng jīngjìqū tànmì, wàiméi jiāng qí wùdú wéi “zūjiè”

huángjīnpíng jīngjìqū wèiyú cháoxiān píngānběidào yālǜjiāng xiàyóu，miànjī yuē wéi shí sì diǎn sì píngfāng gōnglǐ，xībei yǔ zhōngguó liáoníng shěng dāndōng shì xīnchéngqū xiānglián，jù zài jiàn de xīn de zhōng cháo yālǜjiāng gōnglù dàqiáo yuē sì gōnglǐ，jùyǒu yánbiān · yánjiāng · yánhaǐ de dútè qūwèi yōushì。jīngjìqū zhì cháoxiān xīnyìzhōu de shuǐshàng hángxiàn，zé shì liánjiē cháoxiān bàndǎo hé ōu yà dàlù de zhòngyào tōngdào。

cháoxiān jīngjìqū de shèlì，bèi méitǐ jiědú wéi shì cháoxiān duìwài kāifàng de zhòngyào jǔcuò hé lìshǐxìng biāozhì。zài cháoxiān bānbù de jīngjìqū fǎ zhōng，duì jīngjìqū de dìngyì shì：“jīngjìqū shì zài jīngjì lǐngyù zhōng shíshī yōuhuì zhèngcè de cháoxiān rénmín gònghéguó tèshū jīngjìqū。”

jīngjìqū de "tèshū" tǐxiàn zài hěnduō fāngmiàn, dàn juébúshì xīfāng méitǐ suǒwèi de "zūjiè"。 zhè zhǒng wùdú de yuányīn zhīyī, kěnéng shì yīnwéi jīngjìqū de tǔdì kāifā fāngshì hé tǔdì chūràng niánxiàn, jí jīngjìqū nèi detǔdì "cǎiyòng kāifā qǐyè shòuràng quánbù tǔdì miànjī jìnxíng chéngpiàn kāifā hé jīngyíng", chūràng qīxiàn huò tǔdì zūjiè qīxiàn wéi wǔ shí nián。

wàijiè gèng gǎn xīngqù de huàtí háiyǒu : tèqū shéi lái guǎn · zěnme guǎn ? shì cháofāng dúzì guǎnlǐ, háishì wěituō zhōngfāng quánquán guǎnlǐ ?

suízhe bā yuè shí sì rì tèqū guǎnwěihuì zài běijīng xuānbù zhèngshì chénglì, mídǐ zhōngyú jiēkāi : guǎnwěihuì zuòwéi liǎng guó zhèngfǔ gòngtóng shèlì hé rènmìng de guǎnlǐ jīgòu, shì jīngjìqū de quánlì jīgòu, duì jīngjìqū tǒngyī lǐngdǎo · tǒngyī guǎnlǐ。

3. 해설 중국 · 북한 황금평 경제특구

1) 中朝黄金坪经济区

zhōng cháo huángjīnpíng jīngjìqū
중국 · 북한 황금평 경제특구

中(zhōng) : 중국. 중화인민공화국. 3-2.
朝(cháo) : 명 朝鲜(cháoxiān)의 약칭. 북한. 조선민주주의인민공화국. 북조선.
黄金坪(huángjīnpíng) : 황금평(압록강 하구의 평안북도 신도군에 있는 섬).
经济区(jīngjìqū) : 경제지역(economic region). 경제구역. → 경제특구.
黄金坪经济区(huángjīnpíng jīngjìqū) : 황금평 경제특구.

2) 中朝黄金坪经济区探秘 外媒将其误读为"租界"

zhōng cháo huángjīnpíng jīngjìqū tànmì, wàiméi jiāng qí wùdú wéi "zūjiè"
중국 · 북한 황금평 경제특구의 비밀을 탐색하다. 외국 대중매체는 이것을 "조계"로 잘못 해석하다

探秘(tànmì) : 동 비밀을 탐색하다. 비밀을 캐내다. 매우 깊은 뜻을 탐색하다.
外媒(wàiméi) : 外国媒体(wàiguó méitǐ), 외국 대중매체.
外国(wàiguó) : 명 외국.
媒体(méitǐ) : 대중매체. 6-3.
将(jiāng) : …을. 3-2.
误(wù) : 1. 부 잘못하여. 실수로. 무심코. 무심결에.
2. 명 실수. 잘못. 틀림.
3. 형 틀리다. 잘못되다.

4. 동 (시간에) 늦다. 늦어지다. 지체하다. 지각하다.

读(dú) : 1. 동 글을 소리내어 읽다. 낭독하다.
2. 동 열람〔열독〕하다. 보다. 읽다.
3. 동 (…라고) 발음하다.

为(wéi) : …으로. 5-2

误读(wùdú) : 동 오독하다. 잘못 읽다. 잘못 이해하다.

误读为(wùdú wéi) : …으로 잘못 읽다. → …으로 잘못 해석하다.

租界(zūjiè) : 명 조계.

3) 黄金坪经济区位于朝鲜平安北道鸭绿江下游，面积约为14.4平方公里，西北与中国辽宁省丹东市新城区相连，距在建的新的中朝鸭绿江公路大桥约4公里，具有沿边・沿江・沿海的独特区位优势。

huángjīnpíng jīngjìqū wèiyú cháoxiān píngānběidào yālǜjiāng xiàyóu, miànjī yuē wéi shí sì diǎn sì píngfāng gōnglǐ, xīběi yǔ zhōngguó liáoníng shěng dāndōng shì xīnchéngqū xiānglián, jù zài jiàn de xīn de zhōng cháo yālǜjiāng gōnglù dàqiáo yuē sì gōnglǐ, jùyǒu yánbiān・yánjiāng・yánhaǐ de dútè qūwèi yōushì。

황금평 경제특구는 북한 평안북도 압록강 하류에 위치하고, 면적은 약 14.4제곱킬로미터이며, 서북쪽은 중국 랴오닝성 단둥시 신시가지와 연결되고, 건설 중인 새 중・북 압록강 도로 대교로부터 약 4킬로미터 떨어져 있으며, 국경・강변・연해의 독특한 지역적 위치의 장점을 구비하고 있다.

位于(wèiyú) : 동 …에 위치하다.

平安北道(píngānběidào) : 명 평안북도.

鸭绿江(yālǜjiāng) : 명 압록강.

下游(xiàyóu) : 1. 명 하류의 강물이 흘러 지나가는 지역. 하류 지역.
2. 명 낙후된 처지. 뒤떨어진 위치.

面积(miànjī) : 명 면적.

约(yuē) : 대개. 대략. 5-6.

为(wéi)：…이다. 5-2.

点(diǎn)：점. 1-6.

平方(píngfāng)：1. 평방미터. 〔平方米(píngfāngmǐ)〕
2. 명 제곱. 평방.

公里(gōnglǐ)：킬로미터(km). 〔千米(qiānmǐ)〕

平方公里(píngfānggōnglǐ)：양 제곱〔평방〕 킬로미터.

西北(xīběi)：1. 명 서북쪽. 서북간.
2. 명 (Xībei) 중국의 서북 지역.
〔陕西 · 甘肃 · 宁夏 · 青海 · 新疆 등의 성 · 자치구를 포함함〕

与(yǔ)：…와. 7-5.

相连(xiānglián)：동 접하다. 연결〔연속〕되다. 연접되다. 이어지다. 서로 잇닿다.

与(yǔ)A相连(xiānglián)：A와 접하다〔연접되다, 연결되다〕.

辽宁(liáoníng)：명 랴오닝(요녕)성. 〔辽(Liao)로 약칭하며, 성도는 沈阳임〕

省(shěng)：1. 명 성. 〔현대 중국의 최상급 지방 행정 단위〕
2. 동 아끼다. 절약하다.
3. 동 덜다. 줄이다. 빼다. 생략하다.
4. 명 준말. 줄임말.

丹东(dāndōng)：명 단둥. 단동.

市(shì)：1. 명 (행정 구역 단위의) 시.
2. 명 도시.
3. 명 시장. 장. 저자.

新(xīn)：1. 형 새롭다.
2. 형 사용하지 않은. 새것의.
3. 부 방금. 새로이. 갓.

城区(chéngqū)：명 시내(지역). 〔郊区(jiāoqū, 교외 지역)와 구별됨〕

新城区(xīnchéngqū)：신시가 지역. 신시가지

老城区(lǎochéngqū)：구시가 지역. 구시가지.

距(jù)：1. 동 떨어지다. 사이를 두다. → …로부터 떨어지다.
2. 명 거리. 간격.

在建(zàijiàn)：동 건설 중이다.

公路(gōnglù)：명 도로. 고속도로. 지방도. 국도. 공로.

大桥(dàqiáo)：명 대교. 큰 다리.

具有(jùyǒu)：구비하다. 3-7.

沿边(yánbiān)：형 변경의. 국경선의. 변경〔변방〕과 인접한. → 국경. 연변. 변경.

沿江(yánjiāng)：1. 명 강가 인근 지대. 강기슭. → 강변. 강과 인접한. 연강.

2. 동 강에 연하다. 강을 끼다.

沿海(yánhaǐ)：명 연해. 바닷가 근처 지방.

独特(dútè)：형 독특하다. 특별하다. 특수하다. 특이하다.

区位(qūwèi)：명 (지역의) 위치. 지역.

优势(yōushì)：우위. 우세. → 장점.

4) 经济区至朝鲜新义州的水上航线，则是连接朝鲜半岛和欧亚大陆的重要通道。

jīngjìqū zhì cháoxiān xīnyìzhōu de shuǐshàng hángxiàn, zé shì liánjiē cháoxiān bàndǎo hé ōu yà dàlù de zhòngyào tōngdào。

경제특구에서 북한 신의주에 이르는 수상 항로는 바로 한반도와 유라시아 대륙을 연결하는 중요 통로이다.

A至(zhì)B：A에서 B에 이르다〔도달하다〕. 3-4.

新义州(xīnyìzhōu)：명 신의주. 〔평안북도 도청 소재지〕.

水上(shuǐshàng)：명 수상. 물 위. 수면 위.

航线(hángxiàn)：1. 명 배의 항로.

2. 명 비행기의 항(공)로.

则(zé)：1. 부 바로〔곧〕 …이다.

2. 명 규칙. 규정. 제도.

3. 명 규범. 모범. 본보기.

4. 양 조항. 문제. 편. 토막.

连接(liánjiē)：1. 동 연결하다. 연접시키다. 잇다. 잇대다.

2. 동 연접하다. 연결되다. 이어지다.

朝鲜半岛(cháoxiān bàndǎo)：명 한반도.

半岛(bàndǎo)：명 반도.

欧亚(ōu yà)：명 유럽과 아시아.

大陆(dàlù)：1. 명 대륙.
2. 명 중국대륙.
欧亚大陆(ōu yà dàlù)：유라시아 대륙.
重要(zhòngyào)：중요(한). 7-5.
通道(tōngdào)：1. 명 통로. 큰길.
2. 명 채널. 경로.

5) 朝鲜经济区的设立，被媒体解读为是朝鲜对外开放的重要举措和历史性标志。

cháoxiān jīngjìqū de shèlì, bèi méitǐ jiědú wéi shì cháoxiān duìwài kāifàng de zhòngyào jǔcuò hé lìshǐxìng biāozhì。

북한 경제특구의 설치는, 대중매체에 의해 북한 대외개방의 중요 조치와 역사적 상징으로 해석되고 있다.

设立(shèlì)：동 (기구 · 조직 등을) 설립하다. 건립하다. 설치하다. → 설치.
被(bèi)：1. 개 …당하다. …에게 …당하다.
피동구에서 쓰여, 주어가 동작의 대상임을 나타냄.
〔被 뒤의 주체는 생략 가능함〕
2. 동 당하다. 입다. 받다.
3. 동 덮다.
4. 명 이불.
A被BC：A(명사)는 B(명사)에 의해 C(동사)당하다.
解读(jiědú)：1. 동 해독하다. → 해석하다.
2. 동 분석하다. 연구하다.
3. 동 이해하다. 체득하다.
解读为(jiědú wéi)A：A로 해석하다.
A被媒体解读为…：A는 대중매체에 의해 …로 해석되다.
对外(duìwài)：대외. 5-1.
开放(kāifàng)：동 개방하다. 해제하다.
对外开放(duìwài kāifàng)：대외개방. 1-5.

举措(jǔcuò)：명 조치. 거동.

历史(lìshǐ)：역사. 4-5.

性(xìng)：1. 접미 성. 〔명사・형용사・동사 뒤에 쓰여, 사물의 성질 등을 나타냄〕
2. 명 (사람의) 본성.
3. 명 성별.
4. 명 성정. 성질. 기질. 성격.
5. 명 성. 생식・성욕과 관련 있는 것.

历史性(lìshǐxìng)：역사성. 역사적(인).

标志(biāozhì)：1. 명 상징. 표지.
2. 동 명시하다. 상징하다.

6) 在朝鲜颁布的经济区法中，对经济区的定义是："经济区是在经济领域中实施优惠政策的朝鲜人民共和国特殊经济区。"

zài cháoxiān bānbù de jīngjìqū fǎ zhōng, duì jīngjìqū de dìngyì shì："jīngjìqū shì zài jīngjì lǐngyù zhōng shíshī yōuhuì zhèngcè de cháoxiān rénmín gònghéguó tèshū jīngjìqū。"
북한이 공포한 경제특구 법 중에서, 경제특구에 대한 정의는 "경제특구는 경제 영역 중에서 특혜 정책을 실시하는 북한의 특수 경제특구"이다.

在(zài)A中(zhōng)：A (중)에서. 6-9.

颁布(bānbù)：동 공포하다. 반포하다. 포고하다.

法(fǎ)：1. 명 법. 법령. 법률.
2. 명 방법. 방식.
3. 동 모방하다. 본받다. 본보기로 삼다. 좋은 점을 배우다.
4. 형 합법적인. 적법한. 법을 지키는. 〔부정 부사 뒤에 쓰임〕
5. 명 모범. 본보기. 표준.

定义(dìngyì)：명 정의(定义, 어떤 말이나 사물의 뜻을 명백히 밝혀 규정함).

领域(lǐngyù)：영역. 2-7.

实施(shíshī)：동 실시하다. 실행하다.

优惠(yōuhuì)：형 특혜의. 우대의.

政策(zhèngcè)：정책. 1-7.

优惠政策：특혜 정책. 우대 정책.

朝鲜人民共和国(cháoxiān rénmín gònghéguó)：북한. 조선민주주의인민공화국.

特殊(tèshū)：형 특수하다. 특별하다. → 특수. 특수성.

7) 经济区的"特殊"体现在很多方面，但绝不是西方媒体所谓的"租界"。

jīngjìqū de "tèshū" tǐxiàn zài hěnduō fāngmiàn, dàn juébúshì xīfāng méitǐ suǒwèi de "zūjiè"。

경제특구의 "특수성"이 여러 방면에서 구현되고 있지만, 서방 대중매체가 말하는 "조계"는 결코 아니다.

体现(tǐxiàn)：1. 동 구현하다. 체현하다. 구체적으로 드러내다.
2. 명 구현. 구체적인 표현.

体现在A(tǐxiàn zài)：A에서 구현되다〔구체적으로 드러나다〕.

方面(fāngmiàn)：방면. 6-4.

绝(jué)：1. 부 극히. 몹시. 가장. 제일. 아주. 매우. 절묘하게. 색다르게.
2. 부 절대로. 결코. 반드시. 완전히. 〔주로 부정사 앞에 쓰임〕
3. 동 끊다. 끊어지다. 단절하다.

绝不是(juébúshì)：절대로〔결코〕 아니다.

西方(xīfāng)：1. 명 (Xifang) (미국 · 유럽 등 자본주의) 서방 선진국. 서방.
2. 명 (Xifang) 유럽과 미국.
3. 명 서쪽.

所谓(suǒwèi)：1. 형 소위. 이른바.
2. 형 …라는 것은. …란.

8) 这种误读的原因之一，可能是因为经济区的土地开发方式和土地出让年限，即经济区内的土地“采用开发企业受让全部土地面积进行成片开发和经营”，出让期限或土地租借期限为50年。

zhè zhǒng wùdú de yuányīn zhīyī, kěnéng shì yīnwéi jīngjìqū de tǔdì kāifā fāngshì hé tǔdì chūràng niánxiàn, jí jīngjìqū nèi detǔdì “cǎiyòng kāifā qǐyè shòuràng quánbù tǔdì miànjī jìnxíng chéngpiàn kāifā hé jīngyíng”, chūràng qīxiàn huò tǔdì zūjiè qīxiàn wéi wǔ shí nián。

이런 잘못된 해석의 원인 중 하나는, 아마도 왜냐하면 경제특구의 토지 개발 방식과 토지 양도 연한 때문인데, 즉 경제특구 안의 토지는 “개발 기업이 전체 토지 면적을 양수받고 대단위 개발과 경영을 진행하는 방식을 채용하며”, 양도 기한 혹은 토지 조차 기한은 50년이다.

原因(yuányīn)：명 원인.

之一(zhīyī)：…중의 하나. 6-9.

可能是(kěnéngshì)：아마(도).

因为(yīnwéi)：… 때문에. 4-5.

土地(tǔdì)：1. 명 토지. 전답. 전지. 농토. 땅.
2. 명 영토. 국토. 강토. 강역.

开发(kāifā)：동 개발하다. 개간하다. 개척하다. 처음으로 제작하다.

方式(fāngshì)：명 방식. 방법. 패턴.

出让(chūràng)：동 양도하다. 매도하다. 판매하다. 매출하다. → 양도.

年限(niánxiàn)：명 연한.

即(jí)：1. 부 곧. 즉. 바로.
2. 접 설령 …하더라도〔할지라도 · 일지라도〕.
3. 부 …하면 바로〔즉각 · 곧〕.

采用(cǎiyòng)：동 채용하다. 채택되다. 적합한 것을 골라 쓰다. 응용하다.

企业(qǐyè)：기업. 2-1.

开发企业：개발 기업.

受让(shòuràng)：1. 동 넘겨받다. 양수받다.
2. 명 양수. 넘겨받음.

全部(quánbù)：1. 명 전부. 전체. 모두.
2. 형 전부의. 전체의. 모두의. 전반의.

全部土地面积：전체 토지 면적.

开发企业受让全部土地面积：개발 기업이 전체 토지 면적을 양수받다.

进行(jìnxíng)：진행하다. 6-4.

成片(chéngpiàn)：1. 형 대단위의. 광활한. 드넓은.

2. 동 여러 개체가 연결되어 완전한 덩어리를 이루다.

经营(jīngyíng)：동 운영하다. 경영하다. 기획하고 관리하다. → 경영.

进行(成片开发和经营)：(대단위 개발과 경영을) 진행하다.

采用(开发企业受让全部土地面积)(进行成片开发和经营)：(개발 기업이 전체 토지 면적을 양수받고) (대단위 개발과 경영을 진행하는 것)을 채용하다.
→ (개발 기업이 전체 토지 면적을 양수받고) (대단위 개발과 경영을 진행하는) 방식을 채용하다.

期限(qīxiàn)：명 기한. (예정된) 시한.

租借(zūjiè)：1. 동 조차하다. 차용하다. 세를 내다. 임차하다. 빌려쓰다.

2. 동 빌려주다. 세를 놓다. 임대하다.

9) 外界更感兴趣的话题还有：特区谁来管·怎么管？是朝方独自管理，还是委托中方全权管理？

wàijiè gèng gǎn xīngqù de huàtí háiyǒu：tèqū shéi lái guǎn · zěnme guǎn？shì cháofāng dúzì guǎnlǐ, háishì wěituō zhōngfāng quánquán guǎnlǐ？

외부 세계가 더욱 관심 있는 화제로는, 특구를 누가 관리하고 어떻게 관리하는가? 북한측이 독자적으로 관리하는가, 아니면 중국측의 전권 관리에 위탁하는가? 등이 또 있다.

外界(wàijiè)：명 외부. 외계. 바깥 세계〔세상〕. 국외.

感(gǎn)：1. 동 느끼다. 생각하다. 여기다.

2. 동 감동하다. 감명을 받다〔주다〕. 감동시키다.

3. 동 감사하다. 고맙게 여기다.

兴趣(xìngqù)：명 흥미. 흥취. 취미.

感兴趣(gǎn xìngqù)：관심이 있다. 흥미가 있다. 좋아하다.

话题(huàtí)：명 화제. 논제. 이야기의 주제.

还有(hái yǒu) : 또한 …이 있다.

还有(háiyǒu) : 접 그리고. 또한.

特区(tèqū) : 1. 명 (정치 · 경제 등에서의) 특구. 특별 구역.
2. 특별 행정구(特别行政区)의 약칭.

来(lái) : 〔다른 동사 앞에 쓰여 어떤 일을 하려는 것을 나타냄〕. 6-5.

管(guǎn) : 1. 동 관리하다. 지키다.
2. 동 관할하다.
3. 동 (업무를) 맡다. 담당하다.
4. 명 (원통형의) 관. 호스.

谁来管 : 누가 관리하다.

还是(háishì) : 또는. 아니면. 〔是와 호응하여 선택의문문을 나타냄〕. 5-8.

是(shì)A, 还是(háishì)B? : A인가, 아니면 B인가?

朝方(cháofāng) : 북한측.

独自(dúzì) : 부 독자적으로. 혼자서. 홀로. 단독으로.

管理(guǎnlǐ) : 1. 동 보관하고 처리하다. 관리하다. 관할하다.
2. 동 (어떤 일을) 맡아서 처리하다. 관리하다.
3. 동 (사람이나 동물을) 돌보다. 관리하다.

委托(wěituō) : 동 위탁하다. 의뢰하다.

中方(zhōngfāng) : 중국측. 7-3.

全权(quánquán) : 명 전권.

10) 随着8月14日特区管委会在北京宣布正式成立，谜底终于揭开：管委会作为两国政府共同设立和任命的管理机构，是经济区的权力机构，对经济区统一领导·统一管理。

suízhe bā yuè shí sì rì tèqū guǎnwěihuì zài běijīng xuānbù zhèngshì chénglì, mídǐ zhōngyú jiēkāi : guǎnwěihuì zuòwéi liǎng guó zhèngfǔ gòngtóng shèlì hé rènmìng de guǎnlǐ jīgòu, shì jīngjìqū de quánlì jīgòu, duì jīngjìqū tǒngyī lǐngdǎo · tǒngyī guǎnlǐ。

8월 14일 특구관리위원회가 베이징에서 정식 설립을 선포함에 따라, 진상은 마침내 드러났다. 즉 관리위원회는 양국 정부가 공동으로 설치하고 임명하는 관리기구로서, 경제특구의 권력기구이며, 경제특구에 대해 통일적으로 지도하고 통일적으로 관리한다.

随着(suízhe)：동 (…에) 따르다. …따라서. …뒤이어. …에 따라.
管委会(guǎnwěihuì)：管理委员会(guǎnlǐ wěiyuánhuì)의 약칭. 관리위원회.
宣布(xuānbù)：동 선포하다. 공표하다. 선언하다. 발표하다.
正式(zhèngshì)：형 정식의. 공식의. 정규의.
成立(chénglì)：1. 동 (조직 · 기구 등을) 창립하다. 설립하다. 결성하다.
2. 동 (의견 · 이론 등이) 성립되다. 근거가 있다.
谜底(mídǐ)：명 수수께끼의 답. 사건〔일〕의 진상.
终于(zhōngyú)：부 마침내. 결국. 끝내.
揭开(jiēkāi)：1. 동 드러내다. 폭로하다. 벗겨내다.
2. 동 (덮은 것을) 떼다. 벗기다.
3. 동 열다. 젖히다. 올리다.
作为(zuòwéi)：…의 신분〔자격〕으로서. 〔명사성 목적어를 취해야 함〕 1-12.
共同(gòngtóng)：공동으로. 2-5.
任命(rènmìng)：동 임명하다.
机构(jīgòu)：기구. 2-3.
管理机构(guǎnlǐ jīgòu)：관리기구.
权力(quánlì)：명 권력. 권한.
权力机构(quánlì jīgòu)：권력기구.
统一(tǒngyī)：동 통일하다. 형 일치된. 단일한. 집중된. 통일된. → 통일적으로.

领导(lǐngdǎo) : 1. 동 지도하다. 영도하다. 이끌고 나가다.
2. 명 영도자. 지도자. 리더. 보스. 책임자. 우두머리. 대표. 임원.
3. 명 지도. 영도. 리더십. *

4. 번역 중국 · 북한 황금평 경제특구

중국 · 북한 황금평 경제특구의 비밀을 탐색하다. 외국 대중매체는 이것을 "조계"로 잘못 해석하다

황금평 경제특구는 북한 평안북도 압록강 하류에 위치하고, 면적은 약 14.4제곱킬로미터이며, 서북쪽은 중국 랴오닝성 단둥시 신시가지와 연결되고, 건설 중인 새 중 · 북 압록강 도로 대교로부터 약 4킬로미터 떨어져 있으며, 국경 · 강변 · 연해의 독특한 지역적 위치의 장점을 구비하고 있다. 경제특구에서 북한 신의주에 이르는 수상 항로는 바로 한반도와 유라시아 대륙을 연결하는 중요 통로이다.

북한 경제특구의 설치는, 대중매체에 의해 북한 대외개방의 중요 조치와 역사적 상징으로 해석되고 있다. 북한이 공포한 경제특구 법 중에서, 경제특구에 대한 정의는 "경제특구는 경제 영역 중에서 특혜 정책을 실시하는 북한의 특수 경제특구"이다.

경제특구의 "특수성"이 여러 방면에서 구현되고 있지만, 서방 대중매체가 말하는 "조계"는 결코 아니다. 이런 잘못된 해석의 원인 중 하나는, 아마도 왜냐하면 경제특구의 토지 개발 방식과 토지 양도 연한 때문인데, 즉 경제특구 안의 토지는 "개발 기업이 전체 토지 면적을 양수받고 대단위 개발과 경영을 진행하는 방식을 채용하며", 양도 기한 혹은 토지 조차 기한은 50년이다.

외부 세계가 더욱 관심 있는 화제로는, 특구는 누가 관리하고 어떻게 관리하는가? 북한측이 독자적으로 관리하는가, 아니면 중국측의 전권 관리에 위탁하는가? 등이 또 있다.

8월 14일 특구관리위원회가 베이징에서 정식 설립을 선포함에 따라, 진상은 마침내 드러났다. 즉 관리위원회는 양국 정부가 공동 설치하고 임명하는 관리기구로서, 경제특구의 권력기구이며, 경제특구에 대해 통일적으로 지도하고 통일적으로 관리한다. *

第九课

外商投资中国西部

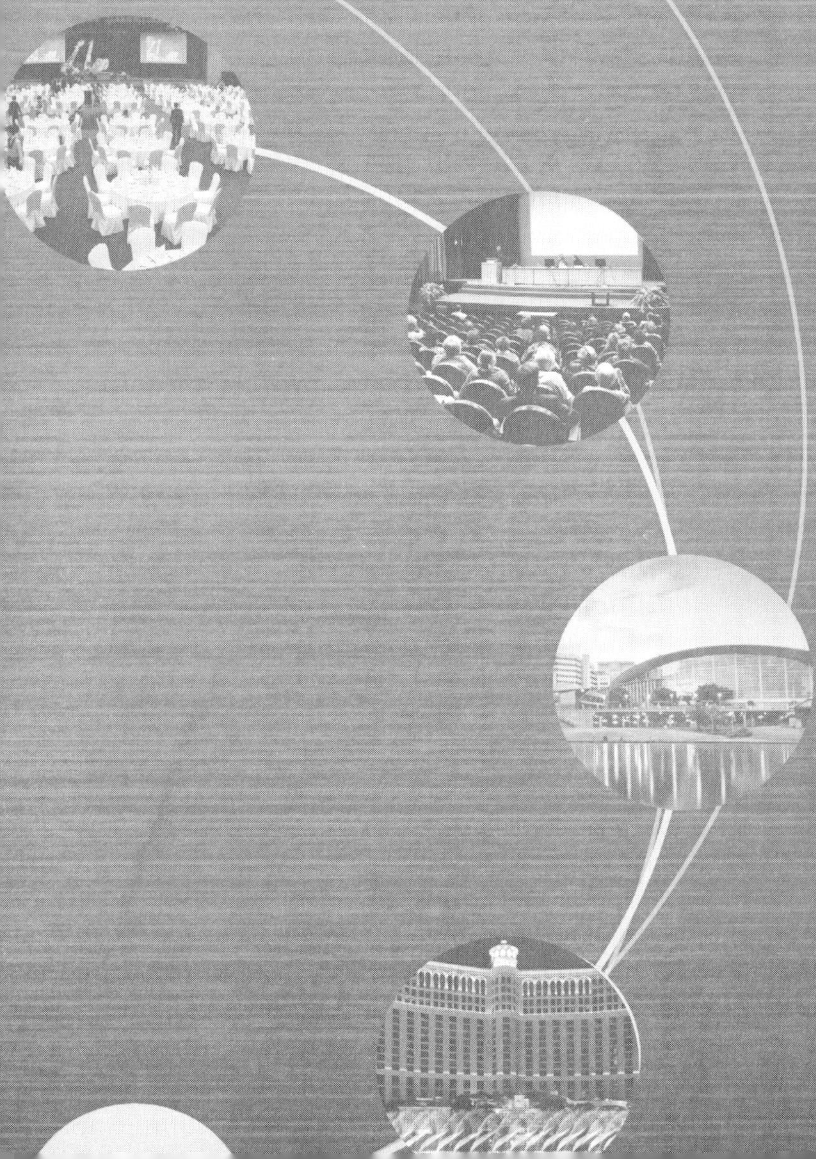

第九课 外商投资中国西部

1. 원문 "外资西进"使西部地区加快融入世界经济舞台

今年以来，国际企业巨头在西部地区的"重磅"投资接连不断。4月份，惠普公司决定将其全球打印及成像产品项目落户重庆，建设3000万台喷墨打印机制造基地；5月，一期投资20亿元人民币的大众汽车生产制造项目在新疆乌鲁木齐奠基；9月，联合利华签约四川眉山，建设全球生产基地。

截至目前，西部地区已利用外商直接投资557亿美元，批准外商投资企业约2万家。重庆·成都·西安·昆明等内陆型经济开放高地正在崛起，新疆喀什·霍尔果斯等经济开发区和广西东兴·云南瑞丽·内蒙古满洲里等重点开发开放试验区也初具规模。

“中国对外开放的‘外资西进’新格局，正在使西部地区加快融入世界经济舞台”，西安高新区管委会主任赵红专说，“近年来西安已吸引81家世界500强企业设立了128家企业和办事处。三星项目和配套企业的进驻，有望形成年产值1000亿元的产业集群，不仅会使西安成为中国又一个半导体产业基地城市，也将直接影响世界信息电子产业发展。”

“外资西进”同样加快了西部地区参与全球产业分工。在四川，已落户世界500强企业243家，全球超过七成的苹果iPAD电脑在成都制造并销往全球，全球每两台电脑中，就有一台的芯片是在这里生产。在重庆，落户的世界500强企业也已超过200家，去年重庆生产笔记本电脑2547万台，占全球产量的7%，今年产量有望再翻一番，成为全球最大的笔记本电脑生产基地。

출처: 中国网 http://news.china.com.cn/live/2012-12/05/content_17518981.htm

2. 발음 wàishāng tóuzī zhōngguó xībù

"wàizī xī jìn" shǐ xībù dìqū jiākuài róngrù shìjiè jīngjì wǔtái

jīnnián yǐlái, guójì qǐyè jùtóu zài xībù dìqū de "zhòngbàng" tóuzī jiēlián búduàn。 sì yuèfèn, huìpǔ gōngsī juédìng jiāng qí quánqiú dǎyìn jí chéngxiàng chǎnpǐn xiàngmù luòhù chóngqìng, jiànshè sān qiān wàn tái pēnmò dǎyìnjī zhìzào jīdì ; wǔ yuè, yìqī tóuzī èr shí yì yuán rénmínbì de dàzhòng qìchē shēngchǎn zhìzào xiàngmù zài xīnjiāng wūlǔmùqí diànjī ; jiǔ yuè, liánhé lìhuá qiānyuē sìchuān méishān, jiànshè quánqiú shēngchǎn jīdì。

jiézhì mùqián, xībù dìqū yǐ lìyòng wàishāng zhíjiē tóuzī wǔ bǎi wǔ shí qī yì měiyuán, pīzhǔn wàishāng tóuzī qǐyè yuē èr wàn jiā。 chóngqìng · chéngdū · xī'ān · kūnmíng děng nèilùxíng jīngjì kāifàng gāodì zhèngzài juéqǐ, xīnjiāng kāshí · huòěrguǒsī děng jīngjì kāifāqū hé guǎngxī dōngxīng · yúnnán ruìlì · nèiménggǔ mǎnzhōulǐ děng zhòngdiǎn kāifā kāifàng shìyànqū yě chūjù guīmó。

“zhōngguó duìwài kāifàng de ‘wàizī xī jìn’ xīn géjú, zhèngzài shǐ xībù dìqū jiākuài róngrù shìjiè jīngjì wǔtái”, xī'ān gāoxīnqū guǎnwěihuì zhǔrèn Zhào Hóngzhuān shuō, “jìnniánlái xī'ān yǐ xīyǐn bā shí yī jiā shìjiè wǔ bǎi qiáng qǐyè shèlì le yì bǎi èr shí bā jiā qǐyè hé bànshìchù。sānxīng xiàngmù hé pèitào qǐyè de jìnzhù, yǒuwàng xíngchéng niánchǎnzhí yì qiān yì yuán de chǎnyè jíqún, bùjǐn huì shǐ xī'ān chéngwéi zhōngguó yòu yíge bàndǎotǐ chǎnyè jīdì chéngshì, yě jiāng zhíjiē yǐngxiǎng shìjiè xìnxī diànzǐ chǎnyè fāzhǎn。”

“wàiz xī jìn” tóngyàng jiākuài le xībù dìqū cānyǔ quánqiú chǎnyè fēngōng。zài sìchuān, yǐ luòhù shìjiè wǔ bǎi qiáng qǐyè èr bǎi sì shí sān jiā, quánqiú chāoguò qī chéng de píngguǒ iPAD diànnǎo zài chéngdū zhìzào bìng xiāowǎng quánqiú, quánqiú měi liǎng tái diànnǎo zhōng, jiù yǒu yì tái de xīnpiàn shì zài zhèli shēngchǎn。

zài chóngqìng, luòhù de shìjiè wǔ bǎi qiáng qǐyè yě yǐ chāoguò èr bǎi jiā, qùnián chóngqìng shēngchǎn bǐjìběn diànnǎo èr qiān wǔ bǎi sì shí qī wàn tái, zhān quánqiú chǎnliáng de bǎifēnzhī qī, jīnnián chǎnliáng yǒuwàng zài fānyìfān, chéngwéi quánqiú zuìdà de bǐjìběn diànnǎo shēngchǎn jīdì。

3. 해설 외국 기업의 중국서부 투자

1) 外商投资中国西部

wàishāng tóuzī zhōngguó xībù

외국 기업의 중국서부 투자

外商(wàishāng)：명 외국 상사. 외국 상인사. → 외국 기업. 외국 기업인.

投资(tóuzī)：투자하다. 투자. 2-1.

中国西部((zhōngguó xībù)：명 중국서부(지역).

중국의 서북지구(섬서성 · 감숙성 · 영하회족자치구 · 청해성 · 신강위구르자치구), 서남지구(사천성 · 중경직할시 · 귀주성 · 운남성 · 광서장족자치구 · 서장자치구), 동북지구(내몽고자치구 서부)를 내포함.

2) "外资西进"使西部地区加快融入世界经济舞台

"wàizī xī jìn" shǐ xībù dìqū jiākuài róngrù shìjiè jīngjì wǔtái

"외자의 중국서부 진출"이 중국서부로 하여금 세계 경제 무대로 빠르게 유입되게 만들다

→ "외자의 중국서부 진출"로 인해 중국서부가 세계 경제 무대로 빠르게 유입되다

外(wài)：1. 명 외국.

2. 명 겉. 밖. 바깥.

3. 명 …이외. …밖에. …외에.

4. 형 딴 데의. 딴 고장의. 다른 곳의.

资(zī)：1. 명 자금. 자본. 비용. 금전.

2. 명 자질. 소질.

3. 명 자격. 경력.

4. 명 재료.

外资(wàizī) : 명 외자. 외국 자본. 6-6.

西(xī) : 1. 명 중국서부.

2. 명 서쪽.

进(jìn) : 1. 동 (밖에서 안으로) 들다.

2. 동 나아가다. 전진하다. 올라가다.

3. 동 제출하다. 올리다. 드리다. 바치다.

4. 동 〔동사 뒤에 쓰여 동작이 밖에서 안으로 행해짐을 나타냄〕

外资西进(wàizī xī jìn) : 외자가 중국서부로 들어가다. → 외자의 중국서부 진출.

使(shǐ) : (…에게) …하게 하다. 2-6.

西部地区(xībù dìqū) : 1. 명 중국서부(지역). 중국의 서북지구.

2. 명 서부지역. 서부지구.

加快(jiākuài) : 동 속도〔스피드〕를 올리다. 빠르게 하다. 재촉하다. → 빠르게.

融入(róngrù) : 동 유입되다. 융합되어 들어가다. 진출하다. 나아가다.

世界(shìjiè) : 세계. 1-1.

经济(jīngjì) : 경제. 1-7.

舞台(wǔtái) : 1. 명 무대.

2. 명 사회 활동 영역〔무대〕.

3) 今年以来，国际企业巨头在西部地区的"重磅"投资接连不断。

jīnnián yǐlái, guójì qǐyè jùtóu zài xībù dìqū de "zhòngbàng" tóuzī jiēlián búduàn。

금년 이래로, 국제 기업 거두의 중국서부에서의 중량급 투자가 끝없이 이어졌다.

今年(jīnnián) : 금년. 7-7.

以来(yǐlái) : 이래. 5-3.

国际(guójì) : 국제. 2-6.

企业(qǐyè) : 기업. 2-1.

巨头(jùtóu) : 명 거두. 우두머리.

重磅(zhòngbàng)：형 중량의. → 중요한. 중량급(의).

接连(jiēlián)：부 연거푸. 연이어. 잇달아. 연달아. 끊임없이. 연속하여. 계속해서.

不断(búduàn)：끊임없다. 1-10.

接连不断(jiēlián búduàn)：끝없이 이어지다. 끊임없다.

4) 4月份，惠普公司决定将其全球打印及成像产品项目落户重庆，建设3000万台喷墨打印机制造基地；

sì yuèfèn, huìpǔ gōngsī juédìng jiāng qí quánqiú dǎyìn jí chéngxiàng chǎnpǐn xiàngmù luòhù chóngqìng, jiànshè sān qiān wàn tái pēnmò dǎyìnjī zhìzào jīdì；

4월달, HP는 프린트와 이미지처리 제품에 관한 자신의 국제 프로젝트를 충칭직할시에 자리 잡고, 3천만 대의 잉크젯프린터 제조기지를 건설하는 것을 결정했다.

月份(yuèfèn)：월(달). 3-5.

惠普公司(huìpǔ gōngsī)：Hewlett-Packard，약칭 HP, 휴렛팩커드. 미국의 다국적 컴퓨터 정보 기술 업체.

公司(gōngsī)：명 회사. 직장.

决定(juédìng)：1. 동 결정〔결심 · 결의 · 의결〕하다.
2. 명 결정. 결정 사항.
3. 부 결코. 절대로. 반드시. 기필코. 꼭.

将(jiāng)：…을. 3-2.

其(qí)：그. 6-6.

全球(quánqiú)：국제. 세계적. 1-7.

打印(dǎyìn)：1. 동 (프린터로 · 타자로) 인쇄하다. 프린트하다.
2. 동 도장을 찍다. 날인하다.

成像(chéngxiàng)：동 영상을 형성하다. 이미지를 처리하다.

产品(chǎnpǐn)：제품. 생산품. 6-4.

项目(xiàngmù)：1. 명 과제. 프로젝트. 사업.
2. 명 항목. 종목. 사항.

其全球打印及成像产品项目：그의 세계적인 프린트와 이미지처리 제품의 프로젝트
→ 프린트와 이미지처리 제품에 관한 자신의 국제 프로젝트.

落户(luòhù)：1. 동 (타지에) 정착하다. 거처를 정하다. 자리 잡다. → 정착시키다.
2. 동 호적에 올리다. 입적하다.

重庆(chóngqìng)：명 重庆直辖市(zhíxiáshì). 충칭(직할시). 중경(직할시).

直辖市(zhíxiáshì)：명 직할시. 베이징, 텐진, 상하이, 충칭 총 4개가 있음.

建设(jiànshè)：1. 동 (새로운 사업을) 창립하다. 건설하다. 세우다.
2. 명 건설 (업무).

台(tái)：1. 양 (기계·설비 등을 세는) 대.
2. 양 (연극·공연 따위를 세는) 편. 회. 차례.
3. 명 높고 평평한 건축물. 대.
4. 명 무대. 단.
5. 명 받침대. 받침대 구실을 하는 것.

喷墨(pēnmò)：동 잉크를 분사하다. 먹물을 내뿜다.

打印机(dǎyìnjī)：명 프린터.

喷墨打印机(pēnmò dǎyìnjī)：잉크젯 프린터(inkjet printer).

制造(zhìzào)：제조(하다). 1-15.

基地(jīdì)：명 기지. 근거지. 본거지. 거점.

制造基地(zhìzào jīdì)：제조 기지.

5) 5月，一期投资20亿元人民币的大众汽车生产制造项目在新疆乌鲁木齐奠基；

wǔ yuè, yìqī tóuzī èr shí yì yuán rénmínbì de dàzhòng qìchē shēngchǎn zhìzào xiàngmù zài xīnjiāng wūlǔmùqí diànjī；

5월, 제1기 투자 20억 인민폐의 폭스바겐 생산제조 프로젝트가 신장자치구 우루무치시에 터를 잡았다.

期(qī)：1. 명 시기. 일정한 기간.
2. 명 기한.
3. 동 바라다. 기다리다. 기대하다.

一期(yìqī)：제1기.

亿(yì)：억. 3-5.

元(yuán)：1. 양 위안. 〔중국의 화폐 단위. 10펀은 1자오이고, 10자오는 1위안임〕
2. 명 달러.
3. 형 시작의. 처음의. 첫째의.
4. 형 주요한. 기본의. 기본〔근본〕적인.
5. 형 우두머리의. 제일의. 으뜸의.
6. 명 요소. 원소.
7. 명 편성〔구성〕 단위. 구성 요소. 성분.
8. 명 (Yuan) 원(元)나라.

人民币(rénmínbì)：인민폐. 1-6.

大众汽车(dàzhòng qìchē)：명 Volkswagen. 폭스바겐. 〔독일 자동차 회사〕

生产(shēngchǎn)：1. 동 생산하다. → 생산.
2. 동 출산하다. 몸풀다. 해산하다.

新疆(xīnjiāng)：명 新疆维吾尔自治区. 신장(위구르)자치구. 신강(위구르)자치구.

维吾尔(wéiwúěr)：명 维吾尔族(wéiwúěr zú). 위구르 족.
〔중국 소수민족의 하나로, 신장자치구에 분포함〕

自治区(zìzhìqū)：명 자치구. 〔소수민족이 다수 거주하는 지방의 제1급 행정단위로, 성에 해당함〕

乌鲁木齐(wūlǔmùqí)：명 우루무치(시). 〔신장위구르자치구의 성도〕

奠基(diànjī)：1. 동 정초하다. 기초를 잡다〔닦다〕. 터를 잡다.
2. 명 (큰 사업의) 창시. 기초.

6) 9月，联合利华签约四川眉山，建设全球生产基地。

jiǔ yuè, liánhé lìhuá qiānyuē sìchuān méishān, jiànshè quánqiú shēngchǎn jīdì。

9월, 유니레버가 쓰촨성 메이산시와 계약서에 서명하고, 국제 생산기지를 건설했다.

联合(liánhé)：연합. 공동. 7-6.

联合利华(liánhé lìhuá)：Unilever. 유니레버. 〔식품・세제용품의 영국・네덜란드 회사〕

签约(qiānyuē) : 통 (조약 · 계약서 등에) 서명하다.
四川(sìchuān) : 명 쓰촨(성). 사천(성). 〔성도는 청두(시)임〕
眉山(méishān) : 명 메이산(시). 미산(시). 〔지명〕
生产基地(shēngchǎn jīdì) : 생산기지.

7) 截至目前，西部地区已利用外商直接投资557亿美元，批准外商投资企业约2万家。

jiézhì mùqián, xībù dìqū yǐ lìyòng wàishāng zhíjiē tóuzī wǔ bǎi wǔ shí qī yì měiyuán, pīzhǔn wàishāng tóuzī qǐyè yuē èr wàn jiā。

현재까지, 중국서부는 이미 외국 기업의 직접투자 557억 미국 달러를 이용하고, 외자 기업 약 2만 개를 허가했다.

截至(jiézhì) : 통 (시간적으로) …까지 마감이다. …에 이르다.
目前(mùqián) : 현재. 6-9.
已(yǐ) : 이미. 2-10.
利用(lìyòng) : 이용하다. 1-10.
直接(zhíjiē) : 직접(적인). 5-2.
直接投资(zhíjiē tóuzī) : 직접투자. 5-2.
美元(měiyuán) : 미국 달러. 3-5.
批准(pīzhǔn) : 통 허가하다. 비준하다. 승인하다. 재가하다.
外商投资企业(wàishāng tóuzī qǐyè) : 외국 기업 투자의 기업. → 외자 기업.
约(yuē) : 대략. 약. 5-6.
家(jiā) : 1. 양 집 · 점포 · 공장 등을 세는 단위.
2. 명 집. 가정. 집안.
3. 명 어떤 전문 학문〔활동〕에 종사하는 사람.
4. 명 학파. 학술상의 유파.
5. 명 어떤 직업에 종사하거나 어떤 신분을 지닌 사람.

8) 重庆・成都・西安・昆明等内陆型经济开放高地正在崛起，新疆喀什・霍尔果斯等经济开发区和广西东兴・云南瑞丽・内蒙古满洲里等重点开发开放试验区也初具规模。

chóngqìng・chéngdū・xī'ān・kūnmíng děng nèilùxíng jīngjì kāifàng gāodì zhèngzài juéqǐ, xīnjiāng kāshí・huòěrguǒsī děng jīngjì kāifāqū hé guǎngxī dōngxīng・yúnnán ruìlì・nèiménggǔ mǎnzhōulǐ děng zhòngdiǎn kāifā kāifàng shìyànqū yě chūjù guīmó。

충칭・청두・시안・쿤밍 등 내륙형 경제개방고지가 한창 흥기하고 있고, 신장자치구 카스시・훠얼궈스시 등 경제개발구역 및 광시자치구 둥싱시・윈난성 루이리시・네이멍구자치구 만저우리시 등 중점개발개방시범지구도 초보적으로 기본적인 체계와 내용을 갖추었다.

成都(chéngdū)：명 청두(시). 성도(시). 〔쓰촨성의 성도〕

西安(xī'ān)：명 시안(시). 서안(시). 〔섬서성의 성도〕

昆明(kūnmíng)：명 쿤밍(시). 곤명(시). 〔윈난성의 성도〕

等(děng)：등. 3-7.

内陆(nèilù)：명 내륙.

型(xíng)：1. 명 유형. 규격. 모양. 형식. 양식. 모델. 타입.
2. 명 본. 모형. 주형.

内陆型(nèilùxíng)：내륙형.

高地(gāodì)：명 고지. 고원.

经济高地(jīngjì gāodì)：경제고지(economic highland, economic heights).
경제센터(economic center).

经济开放高地(jīngjì kāifàng gāodì)：경제개방고지.

正在(zhèngzài)：지금〔한창〕…하고 있다. 6-3.

崛起(juéqǐ)：1. 동 흥기하다. 우뚝 일어나다. 굴기하다. 궐기하다.
2. 동 (산봉우리 등이) 우뚝 솟다.

喀什(kāshí)：명 카스(시). 〔신장(위구르)자치구의 서남부 도시〕

霍尔果斯(huòěrguǒsī)：명 훠얼궈스(시). 〔신장(위구르)자치구의 서북쪽 도시〕

经济开发区(jīngjì kāifāqū)：经济技术开发区(경제기술개발구역). 경제개발구역.

广西(guǎngxī)：명 广西壮族自治区. 광시(좡족)자치구. 광서(장족)자치구.

东兴(dōngxīng)：명 둥싱(시). 동흥(시). 〔중국과 베트남의 접경 지역〕
云南(yúnnán)：명 윈난(성). 운남(성). 〔성도는 쿤밍(시)임〕
瑞丽(ruìlì)：명 루이리(시). 서려(시). 〔중국과 미얀마의 접경 지역〕
内蒙古(nèiménggǔ)：명 内蒙古自治区. 네이멍구자치구. 내몽고자치구.
满洲里(mǎnzhōulǐ)：명 만저우리(시). 만주리(시). 〔중국과 러시아의 접경 지역〕
重点(zhòngdiǎn)：1. 명 중점.
2. 형 중요한. 주요한.
3. 부 중점적으로.
试验(shìyàn)：1. 동 시험하다. 실험하다. 테스트하다.
2. 명 시험. 실험.
开放试验区(kāifàng shìyànqū)：개방시험지구. → 개방시범지구.
重点开发开放试验区：중점개발개방시험지구. → 중점개발개방시범지구.
初具(chūjù)：동 대강 갖추다.
规模(guīmó)：규모. 3-6.
初具规模(chūjù guīmó)：대강 규모를 갖추다.
→ 초보적으로 기본적인 체계와 내용을 갖추다.

9) "中国对外开放的'外资西进'新格局，正在使西部地区加快融入世界经济舞台"，

"zhōngguó duìwài kāifàng de 'wàizī xī jìn' xīn géjú, zhèngzài shǐ xībù dìqū jiākuài róngrù shìjiè jīngjì wǔtái",
"중국 대외개방의 '외자의 중국서부 진출'의 새 구성이, 중국서부로 하여금 세계 경제 무대로 한창 빠르게 유입되도록 만들고 있다."
→ "중국 대외개방의 '외자의 중국서부 진출'의 새 구성으로 인해, 중국서부가 세계 경제 무대로 한창 빠르게 유입되고 있다."

对外开放(duìwài kāifàng)：대외개방. 1-5.
格局(géjú)：명 짜임새. 구조. 구성. 골격. 패턴. 양식. 배치.
正在(zhèngzài)：한창 …하고 있다. 6-3.

10) 西安高新区管委会主任赵红专说，“近年来西安已吸引81家世界500强企业设立了128家企业和办事处。三星项目和配套企业的进驻，有望形成年产值1000亿元的产业集群，不仅会使西安成为中国又一个半导体产业基地城市，也将直接影响世界信息电子产业发展。”

xī`ān gāoxīnqū guǎnwěihuì zhǔrèn Zhào Hóngzhuān shuō, “jìnniánlái xī'ān yǐ xīyǐn bā shí yī jiā shìjiè wǔ bǎi qiáng qǐyè shèlì le yì bǎi èr shí bā jiā qǐyè hé bànshìchù。sānxīng xiàngmù hé pèitào qǐyè de jìnzhù, yǒuwàng xíngchéng niánchǎnzhí yì qiān yì yuán de chǎnyè jíqún, bùjǐn huì shǐ xī'ān chéngwéi zhōngguó yòu yíge bàndǎotǐ chǎnyè jīdì chéngshì, yě jiāng zhíjiē yǐngxiǎng shìjiè xìnxī diànzǐ chǎnyè fāzhǎn。”

시안 첨단과학기술산업개발구 관리위원회 주임 쟈오홍좐에 의하면, “최근에 시안은 81개 세계 500대 기업을 이미 유치하여 128개 기업과 사무소를 설립했다. 삼성 프로젝트와 조립 기업의 입주가, 연간 생산액 1천 억 인민폐의 산업클러스터를 형성할 가능성이 있어, 시안을 중국의 또 하나의 반도체 산업기지 도시로 만들 뿐만 아니라, 또한 세계 정보전자산업 발전에 장차 직접 영향을 줄 수도 있다.”

高新区(gāoxīnqū)：첨단과학기술산업개발구.
　첨단산업 개발단지인 高新技术产业开发区의 약칭.
高新技术(gāoxīn jìshù)：명 첨단 과학기술. 하이 테크놀로지(high-technology).
高新技术产业(gāoxīn jìshù chǎnyè)：첨단 과학기술 산업.
开发区(kāifāqū)：개발구. 经济技术开发区의 약칭.
经济开发区(jīngjì kāifāqū)：经济技术开发区의 약칭.
经济技术开发区(jīngjì jìshù kāifāqū)：경제 기술 개발 구역.
管委会(guǎnwěihuì)：관리위원회. 8-10.
主任(zhǔrèn)：명 장. 주임.
赵红专(Zhào Hóngzhuān)：Zhao Hongzhuan. 쟈오홍좐. 〔사람 이름〕
赵红专说…：쟈오홍좐이 …라고 말하다. → 쟈오홍좐(의 말)에 의하면.
近年来(jìnniánlái)：최근(에). 최근 몇 해〔년〕 동안〔사이〕. 요 몇 년 사이.
吸引(xīyǐn)：유치하다. 흡인하다. 2-8.
500强企业(qiáng qǐyè)：500대(大) 기업.

设立(shèlì) : 설립〔건립〕하다. 8-5.

办事处(bànshìchù) : 1. 명 (정부 · 군대 · 단체 등이 파견한) 사무소.
2. 명 동사무소.

配套(pèitào) : 1. 동 (부품을 모아) 조립하다. 맞추다. 결합하다. 짜 맞추다.
2. 동 부설하다.

配套企业(pèitào qǐyè) : 조립 기업. 〔부품을 전문으로 조립하는 기업〕

进驻(jìnzhù) : 동 (군대가) 진주하다. (작업반을) 투입하다. → 입주하다.

有望(yǒuwàng) : 동 유망하다. 가능성이 있다. 희망적이다.

形成(xíngchéng) : 동 (어떤 사물이나 기풍 · 국면 등이) 형성되다. 이루어지다.

年产值(niánchǎnzhí) : 명 연간 생산액.

产业(chǎnyè) : 산업. 2-8.

集群(jíqún) : 1. 명 클러스터. cluster.
2. 동 무리를 이루다. 떼를 짓다.

产业集群(chǎnyè jíqún) : 산업클러스터. 산업집적지. 〔유사 업종에서 다른 기능을 수행하는 기업 · 기관들이 한곳에 모여 있는 것〕

不仅(bùjǐn) : 1. 접 …뿐만 아니라.
2. 부 …에 그치지 않다. …만은 아니다.

不仅(bùjǐn)A, 也(yě)〔还(hái)〕B : A일 뿐만 아니라, (또한) B이기도 하다.

成为(chéngwéi) : 동 …이〔가〕 되다. …(으)로 되다.

使成为(shǐchéngwéi)A : A로 되게 만들다.

A会使西安成为B : A는 시안으로 하여금 B로 되게 할 수 있다.
→ A는 시안을 B로 만들 수 있다.

又一个(yòuyíge)) : 또 하나.

半导体(bàndǎotǐ) : 1. 명 반도체.
2. 명 트랜지스터라디오

城市(chéngshì) : 명 도시.

将(jiāng) : 장차. 3-2.

影响(yǐngxiǎng) : 영향을 주다. 1-7.

信息(xìnxī) : 1. 명 정보.
2. 명 음신. 소식. 편지. 기별.

电子(diànzǐ) : 명 전자. 일렉트론. 〔기호는 e〕

信息电子产业(xìnxī diànzǐ chǎnyè) : 정보전자산업.

发展(fāzhǎn)：발전. 1-7.

11) "外资西进"同样加快了西部地区参与全球产业分工。

"wàiz xī jìn" tóngyàng jiākuài le xībù dìqū cānyǔ quánqiú chǎnyè fēngōng。
"외자의 중국서부 진출"은 중국서부의 국제 산업분업 참여를 마찬가지로 재촉했다.

同样(tóngyàng)：마찬가지로. 똑같이. 1-12.
参与(cānyǔ)：동 참여하다. 참가하다. 가담하다. 개입하다.
分工(fēngōng)：동 분업하다. 분담하다. → 분업.
西部地区参与全球产业分工：중국서부가 국제 산업분업에 참여하다.
→ 중국서부의 국제 산업분업 참여.

12) 在四川，已落户世界500强企业243家，全球超过七成的苹果iPAD电脑在成都制造并销往全球，全球每两台电脑中，就有一台的芯片是在这里生产。

zài sìchuān, yǐ luòhù shìjiè wǔ bǎi qiáng qǐyè èr bǎi sì shí sān jiā, quánqiú chāoguò qī chéng de píngguǒ IPAD diànnǎo zài chéngdū zhìzào bìng xiāowǎng quánqiú, quánqiú měi liǎng tái diànnǎo zhōng, jiù yǒu yì tái de xīnpiàn shì zài zhèli shēngchǎn。
쓰촨성에서, 세계 500대 기업 중 243개를 정착시키고, 세계적으로 70%를 초과하는 애플사 iPad 컴퓨터가 청두에서 제조되고 또 세계로 널리 팔리며, 세계적으로 두 대의 컴퓨터 중 바로 한 대의 마이크로칩은 여기에서 생산한 것이다.

超过(chāoguò)：1. 동 초과하다. 넘다.
2. 동 추월하다. 앞지르다

成(chéng)：1. 양 (~儿) 10분의 1. 할.
2. 동 완성하다. 성공하다. 이루다.
3. 동 …이 되다. …(으)로 변하다.
4. 동 (남을 도와) 성사시키다. 완성시키다. 달성케 하다.

5. 동 (생물이) 성장하다. 자라다. 크다.
6. 명 성과. 성취. 이룸.

七成(qī chéng) : 〔수〕 10분의 7. 70%. 7할.

苹果(píngguǒ) : 1. 명 사과. 사과나무.
2. 명 Apple Inc. 애플사. 〔미국 컴퓨터 회사〕

iPAD : 미국 애플사가 2010년 4월 출시한 태블릿 PC이다.

电脑(diànnǎo) : 명 컴퓨터.

并(bìng) : 그리고. 또. 3-7.

销往(xiāowǎng) : 동 널리 팔다. 널리 팔리다.

芯片(xīnpiàn) : 명 집적회로(IC). 칩. 마이크로칩. 극미 박편.

13) 在重庆，落户的世界500强企业也已超过200家，去年重庆生产笔记本电脑2547万台，占全球产量的7%，今年产量有望再翻一番，成为全球最大的笔记本电脑生产基地。

zài chóngqìng, luòhù de shìjiè wǔ bǎi qiáng qǐyè yě yǐ chāoguò èr bǎi jiā, qùnián chóngqìng shēngchǎn bǐjìběn diànnǎo èr qiān wǔ bǎi sì shí qī wàn tái, zhān quánqiú chǎnliáng de bǎifēnzhī qī, jīnnián chǎnliáng yǒuwàng zài fānyìfān, chéngwéi quánqiú zuìdà de bǐjìběn diànnǎo shēngchǎn jīdì。

충칭에서, 정착한 세계 500대 기업도 이미 200개를 초과했고, 작년 충칭이 노트북 컴퓨터 2,547만 대를 생산하여, 전 세계 생산량의 7%를 점했고, 금년 생산량은 다시 두 배가 될 가능성이 있어, 세계적으로 가장 큰 노트북 컴퓨터 생산기지로 될 것이다.

笔记本(bǐjìběn) : 1. 노트북. 노트북 컴퓨터(笔记本电脑)의 약칭.
2. 명 노트. 수첩. 비망록.

笔记本电脑(bǐjìběn diànnǎo) : 노트북 컴퓨터.

产量(chǎnliàng) : 명 생산량.

再(zài) : 1. 부 다시. 〔장차 나타날 것을 가리킴〕
2. 부 또. 재차. 〔중복이나 계속을 나타냄〕
3. 부 더. 그 위에. 〔형용사 앞에 쓰여 정도가 더 심함을 나타냄〕
4. 동 다시 나타나다. 계속되다.

5. 〔수〕 두 번. 두 번째.

翻(fān)：1. 동 (수량이) 배로 증가하다. 곱이 되다.
2. 동 뒤집다. 뒤집히다. 전복하다.
3. 동 (찾기 위해서) 뒤지다. 들추다. 뒤적이다. (책을) 펼치다. 펴다.
4. 동 번역〔통역〕하다.
5. 동 바꾸다. 변환하다. 달라지다.

一番(yìfān)：1. 양 한 배.
2. 양 한바탕. 한차례. 한번.
3. 양 한 종류.

翻一番(fānyìfān)：수량이 곱으로〔배로〕 늘다. 갑절〔곱절〕이 되다. 두 배가 되다.

最大(zuìdà)：가장 크다. 5-7. *

4. 번역 외국 기업의 중국서부 투자

"외자의 중국서부 진출"로 인해 중국서부가 세계 경제 무대로 빠르게 유입되다

금년 이래로, 국제 기업 거두의 중국서부에서의 중량급 투자가 끝없이 이어졌다. 4월달, HP는 프린트와 이미지처리 제품에 관한 자신의 국제 프로젝트를 충칭직할시에 자리잡고, 3천만 대의 잉크젯프린터 제조기지를 건설하는 것을 결정했다. 5월, 제1기 투자 20억 인민폐의 폭스바겐 생산제조 프로젝트가 신장자치구 우루무치시에 터를 잡았다. 9월, 유니레버가 쓰촨성 메이산시와 계약서에 서명하고, 국제 생산기지를 건설했다.

현재까지, 중국서부는 이미 외국 기업의 직접투자 557억 미국 달러를 이용하고, 외자 기업 약 2만 개를 허가했다. 충칭 · 청두 · 시안 · 쿤밍 등 내륙형 경제개방고지가 한창 흥기하고 있고, 신장자치구 카스시 · 훠얼궈스시 등 경제개발구역 및 광시자치구 둥싱시 · 윈난성 루이리시 · 네이멍구자치구 만저우리시 등 중점개발개방시범지구도 초보적으로 기본적인 체계와 내용을 갖추었다.

"중국 대외개방의 '외자의 중국서부 진출'의 새 구성으로 인해, 중국서부가 세계 경제 무대로 한창 빠르게 유입되고 있다." 시안 첨단과학기술산업개발구 관리위원회 주임 자오훙좐에 의하면, "최근에 시안은 81개 세계 500대 기업을 이미 유치하여 128개 기업과 사무소를 설립했다. 삼성 프로젝트와 조립 기업의 입주가, 연간 생산액 1천 억 인민폐의 산업클러스터를 형성할 가능성이 있어, 시안을 중국의 또 하나의 반도체 산업기지 도시로 만들 뿐만 아니라, 또한 세계 정보전자산업 발전에 장차 직접 영향을 줄 수도 있다."

"외자의 중국서부 진출"은 중국서부의 국제 산업분업 참여를 마찬가지로 재촉했다. 쓰촨성에서, 세계 500대 기업 중 243개를 정착시키고, 세계적으로 70%를 초과하는 애플사 iPad 컴퓨터가 청두에서 제조되고 또 세계로 널리 팔리며, 세계적으로 두 대의 컴퓨터 중 바로 한 대의 마이크로칩은 여기에서 생산한 것이다. 충칭에서, 정착한 세계 500대 기업도 이미 200개를 초과했고, 작년 충칭이 노트북 컴퓨터 2,547만 대를 생산하여, 전 세계 생산량의 7%를 점했고, 금년 생산량은 다시 두 배가 될 가능성이 있어, 세계적으로 가장 큰 노트북 컴퓨터 생산기지로 될 것이다. *

第十课

广州交易会的形势

第十课 广州交易会的形势

1. 원문 外贸全年保十落空 广交会人气与成交双下滑

记者4日在第112届广交会闭幕新闻发布会上获悉，与上一届广交会相比，本届广交会采购商和与会人数以及成交额双双下滑，下滑幅度均超过10%，外贸形势不容乐观，不少企业在接受采访时表示经营压力大。一些企业通过大力转型升级提高了竞争力，成交情况明显好于其他企业。

从行业看，生活必需品等刚性需求行业成交增长。食品·医药等生活必需品成交分别增长14.5%·26.9%。机电商品·纺织服装成交下降11.6%·15.5%。需求弹性明显的行业大幅下滑，如皮质箱包·木质玩具成交额分别下降了37.7%·48.7%。

刘建军说，本届广交会是在国际金融危机深层次影响继续显现，欧洲主权责务危机持续发酵，世界经济复苏明显减速，国际市场需求下滑，贸易保护主义加剧的严峻形势的背景下举行的。“从目前的数据看，人数和成交额的‘双下滑’反映出今年外贸‘保十’任务艰巨。”

可喜的是，不少企业奋力应对困难，转型升级成效开始显现。刘建军说，在严峻的外贸形势下，企业纷纷加快转型升级步伐，培育以技术·品牌·质量·服务等为核心的外贸竞争新优势。本届品牌展区成交125.8亿美元，虽然同比上届下降了5.4%，但比总成交降幅低3.9个百分点。从行业对比看，每家品牌企业平均获得的订单数是非品牌企业的3倍，平均成交额是非品牌企业的6.2倍。创新产品多·设计研发能力强的企业成交情况明显好于其他企业。

출처: 新华网 http://news.xinhuanet.com/fortune/2012-11/04/c_113601010.htm

2. 발음 guǎngzhōu jiāoyìhuì de xíngshì

wàimào quánnián bǎo shí luòkōng, guǎngjiāohuì rénqì yǔ chéngjiāo shuāng xiàhuá

jìzhě sì rì zài dì yī bǎi yī shí èr jiè guǎngjiāohuì bìmù xīnwén fābùhuì shang huòxī, yǔ shàng yíjiè guǎngjiāohuì xiāngbǐ, běnjiè guǎngjiāohuì cǎigòushāng hé yǔhuì rénshù yǐjí chéngjiāo`é shuāngshuāng xiàhuá, xiàhuá fúdù jūn chāoguò bǎifēnzhī shí, wàimào xíngshì bùróng lèguān, bùshǎo qǐyè zài jiēshòu cǎifǎng shí biǎoshì jīngyíng yālì dà。yìxiē qǐyè tōngguò dàlì zhuǎnxíng shēngjí tígāo le jìngzhēnglì, chéngjiāo qíngkuàng míngxiǎn hǎoyú qítā qǐyè。

cóng hángyè kàn, shēnghuó bìxūpǐn děng gāngxìng xūqiú hángyè chéngjiāo zēngzhǎng。shípǐn · yīyào děng shēnghuó bìxūpǐn chéngjiāo fēnbié zēngzhǎng bǎifēnzhī shí sì diǎn wǔ · bǎifēnzhī èr shí liù diǎn jiǔ。jīdiàn shāngpǐn · fǎngzhī fúzhuāng chéngjiāo xiàjiàng bǎifēnzhī shí yī diǎn liù · bǎifēnzhī shí wǔ diǎn wǔ。xūqiú dànxìng míngxiǎn de hángyè dàfú xiàhuá, rú pízhì xiāngbaō ·

mùzhì wánjù chéngjiāo`é fēnbié xiàjiàng le bǎifēnzhī sān shí qī diǎn qī · bǎifēnzhī sì shí bā diǎn qī。

Liú Jiànjūn shuō, běnjiè guǎngjiāohuì shì zài guójì jīnróng wēijī shēncéngcì yǐngxiǎng jìxù xiǎnxiàn, ōuzhōu zhǔquán zéwù wēijī chíxù fājiào, shìjiè jīngjì fùsū míngxiǎn jiǎnsù, guójì shìchǎng xūqiú xiàhuá, màoyì bǎohùzhǔyì jiājù de yánjùn xíngshì de bèijǐng xià jǔxíng de。"cóng mùqián de shùjù kàn, rénshù hé chéngjiāo`é de 'shuāng xiàhuá' fǎnyìngchū jīnnián wàimào 'bǎo shí' rènwu jiānjù。"

kěxī de shì, bùshǎo qǐyè fènlì yìngduì kùnnan, zhuǎnxíng shēngjí chéngxiào kāishǐ xiǎnxiàn。Liú Jiànjūn shuō, zài yánjùn de wàimào xíngshì xia, qǐyè fēnfēn jiākuài zhuǎnxíng shēngjí (bùfá, péiyù yǐ jìshù · pǐnpái · zhìliàng · fúwù děng wéi héxīn de wàimào jìngzhēng xīn yōushì。běnjiè pǐnpái zhǎnqū chéngjiāo yī bǎi èr shí wǔ diǎn bā yì měiyuán, suīrán tóngbǐ shàngjiè xiàjiàng le bǎifēnzhī wǔ diǎn sì, dàn bǐ zǒng chéngjiāo jiàngfú dī sān diǎn jiǔ ge bǎifēndiǎn。cóng hángyè duìbǐ kàn, měi jiā pǐnpái qǐyè píngjūn huòdé de dìngdān shù shì fēi pǐnpái qǐyè de sān bèi, píngjūn chéngjiāo`é shì fēi pǐnpái qǐyè de liù diǎn èr bèi。chuàngxīn chǎnpǐn duō · shèjì yánfā nénglì qiáng de qǐyè chéngjiāo qíngkuàng míngxiǎn hǎoyú qítā qǐyè。

3. 해설 광저우무역박람회의 형세

1) 广州交易会的形势

guǎngzhōu jiāoyìhuì de xíngshì
광저우무역박람회의 형세

广州(guǎngzhōu)：명 광저우(시). 광주(시). 〔광둥(广东)성의 성도〕

交易(jiāoyì)：교역. 거래. 5-10.

交易会(jiāoyìhuì)：명 박람회. 트레이드 페어.

广州交易会(guǎngzhōu jiāoyìhuì)：广交会(guǎngjiāohuì) 혹 칸톤 페어(Canton Fair)라고도 칭하며, 中国进出口商品交易会(광저우무역박람회, China Import and Export Fair)의 약칭이다. 1957년 봄 처음 개설되어, 매년 봄과 가을에 광저우시에서 개최된다. 현재 중국에서 역사가 가장 오래되고, 수준이 가장 높고, 규모가 가장 크며, 상품 종류가 가장 많으며, 거래성사 효과가 가장 좋은 종합적인 국제 무역박람회이다.

进出口(jìnchūkǒu)：수출입. 3-6.

商品交易会(shāngpǐn jiāoyìhuì)：명 상품박람회.

形势(xíngshì)：명 정세. 형편. 상황.

2) 外贸全年保十落空 广交会人气与成交双下滑

wàimào quánnián bǎo shí luòkōng, guǎngjiāohuì rénqì yǔ chéngjiāo shuāng xiàhuá
대외무역의 연간 10% 성장 유지가 물거품 되고, 광저우무역박람회의 인기와 거래성사 두 가지가 하락하다

外贸(wàimào) : 대외무역. 3-1.

全年(quánnián) : 연간. 3-2.

保(bǎo) : 1. 동 유지하다. 보존하다.
2. 동 보호하다. 보위하다.
3. 동 보장하다. 보증하다. 책임지다.
4. 동 담보하다. 보증하다.

十(shí) : 10. 십. → 10%.

保十(bǎo shí) : 10을 유지하다. 10% 성장을 유지하다. 10% 성장의 유지.
→ 연간 10% (대외무역) 성장 유지.

落空(luòkōng) : 동 수포로 돌아가다. 허사이다〔가 되다〕. 물거품이 되다.

人气(rénqì) : 1. 명 인기.
2. 명 열기. 분위기. 기분.
3. 명 인품.

与(yǔ) : 접 …와. 및. 7-5.

成交(chéngjiāo) : 동 거래가 성립〔성사〕하다. 매매가 성립〔성사〕되다. → 거래성사.

双(shuāng) : 1. 형 두 개의. 쌍의. 양쪽의. 쌍방의. → 두 가지.
2. 양 짝. 켤레. 쌍. 매.
3. 형 2배의. 갑절의. 두 몫의.
4. 형 짝수의. 우수의.

下滑(xiàhuá) : 동 아래로 미끄러지다. 하락하다. 하향하다. 쇠퇴하다.

3) 记者4日在第112届广交会闭幕新闻发布会上获悉，与上一届广交会相比，本届广交会采购商和与会人数以及成交额双双下滑，下滑幅度均超过10%，外贸形势不容乐观，不少企业在接受采访时表示经营压力大。

jìzhě sì rì zài dì yī bǎi yī shí èr jiè guǎngjiāohuì bìmù xīnwén fābùhuì shang huòxī, yǔ shàng yíjiè guǎngjiāohuì xiāngbǐ, běnjiè guǎngjiāohuì cǎigòushāng hé yǔhuì rénshù yǐjí chéngjiāo`é shuāngshuāng xiàhuá, xiàhuá fúdù jūn chāoguò bǎifēnzhī shí, wàimào xíngshì bùróng lèguān, bùshǎo qǐyè zài jiēshòu cǎifǎng shí biǎoshì jīngyíng yālì dà。

기자가 4일 제112회 광저우무역박람회 폐막 기자회견에서 알게 된 정보에 의하면, 지난번의 광저우무역박람회와 비교하여, 이번 광저우무역박람회의 구매상과 참가 인원수 및 거래액은 나란히 하락하고, 하락 폭은 모두 10%를 초과하고, 대외무역의 형세는 낙관적이지 않아, 적지 않은 기업이 취재에 응할 때 경영의 스트레스가 많다고 표명했다.

记者(jìzhě)：명 기자.

届(jiè)：회. 차. 7-1.

闭幕(bìmù)：동 폐막하다. 막을 내리다. 끝마치다. → 폐막.

新闻(xīnwén)：1. 명 (매스컴의) 뉴스.
2. 명 새로운 일〔사건〕. 새 소식. 뉴스.

发布(fābù)：선포하다. → 발표하다. 2-11.

发布会(fābùhuì)：명 발표회.

新闻发布会(xīnwén fābùhuì)：명 기자회견.

获悉(huòxī)：동 (어떤 소식 · 상황을) 알게 되다. 정보를 얻다.

A获悉B：A가 B를 알게 되다. A가 B의 정보를 얻다.
→ A가 알게 된 정보에 의하면, B이다.

上一届(shàngyíjiè)：上届(shàngjiè). 앞 회. 전번. 전회. 지난번.

与(yǔ)：개 …와. …함께. 7-5.

相比(xiāngbǐ)：비교하다. 4-12.

与(yǔ)A相比(xiāngbǐ)：A와 비교하다.

本届(běnjiè)：이번. 금회. 7-6.

采购(cǎigòu) : 1. 동 (기관 · 기업에서) 구입하다. 골라 사다. 수매하다. 구매하다.
2. 명 구매 담당 직원. 구매원.

采购商(cǎigòushāng) : 구매상(buyer).

与会(yǔhuì) : 동 회의에 참가하다. → 참가.

与会人(yǔhuìrén) : 참가자. 참석자. 与会者(yǔhuìzhě).

人数rénshù) : 명 사람 수. 인원수.

以及(yǐjí) : 접 및. 그리고. 아울러.

成交额(chéngjiāo`é) : 명 거래액.

双双(shuāngshuāng) : 부 나란히. 쌍쌍으로. 둘씩. 쌍쌍이.

幅度(fúdù) : 폭. 3-8.

均(jūn) : 1. 부 모두. 다.
2. 형 균등하다. 균일하다. 상등하다. 고르다.

超过(chāoguò) : 초과하다. 9-12.

不容(bùróng) : 1. 동 허락하지 않다. 불허하다.
2. 동 용납하지 않다. 받아들이지 않다. …할 여지가 없다.

乐观(lèguān) : 형 낙관적이다. 희망차다. 긍정적이다. → 낙관.

不容乐观(bùróng lèguān) : 낙관적이지 않다. 낙관할 수 없다.

接受(jiēshòu) : 동 받아들이다. 받다. 수락하다. 접수하다. 영수하다.

采访(cǎifǎng) : 동 취재하다. 인터뷰하다. 탐방하다.

接受采访 : 취재를 받아들이다. → 취재에 응하다.

表示(biǎoshì) : 표명하다. 3-8.

经营(jīngyíng) : 경영. 8-8.

压力(yālì) : 스트레스. 압력. 2-8.

压力大 : 스트레스가 크다. → 스트레스가 많다.

4) 一些企业通过大力转型升级提高了竞争力，成交情况明显好于其他企业。

yìxiē qǐyè tōngguò dàlì zhuǎnxíng shēngjí tígāo le jìngzhēnglì, chéngjiāo qíngkuàng míngxiǎn hǎoyú qítā qǐyè。

일부 기업은 대대적 구조전환의 향상을 통해 경쟁력을 제고시켰고, 거래성사의 상황은 기타 기업보다 뚜렷하게 좋았다.

企业(qǐyè)：기업. 2-1.

通过(tōngguò)：…를 통해. 2-3.

大力(dàlì)：1. 부 강력하게. 힘껏. 대대적으로.
2. 명 큰 힘. 강력.

转型(zhuǎnxíng)：1. 동 사회 경제 구조 · 문화 형태 · 가치관 등을 전환하다.
2. 동 상품의 모델 혹은 구조를 바꾸다.

升级(shēngjí)：1. 동 승급하다. 승진하다. 격상하다. → 격상.
2. 동 (품질을) 향상시키다. 업그레이드하다. → 향상.
3. 동 (학생이) 진급하다. 학년이 오르다.

转型升级(zhuǎnxíng shēngjí)：구조전환의 향상.

大力转型升级：대대적으로 구조를 전환하여 향상하다. → 대대적 구조전환의 향상.

提高(tígāo)：제고하다. 향상시키다. 6-6.

竞争力(jìngzhēnglì)：명 경쟁력.

情况(qíngkuàng)：상황. 형편. 3-9.

明显(míngxiǎn)：뚜렷하게. 명백하게. 4-2.

好于(hǎo yú)：…보다 좋다.

其他(qítā)：기타. 3-3.

5) 从行业看，生活必需品等刚性需求行业成交增长。
cóng hángyè kàn, shēnghuó bìxūpǐn děng gāngxìng xūqiú hángyè chéngjiāo zēngzhǎng。
업종에서 보면, 생활 필수품 등 비탄력적 수요 업종의 거래성사는 성장했다.

从(cóng)…看(kàn)：…에 의거하여 보다. …에서 보면. 2-3.

行业(hángyè)：업종. 6-8.

生活(shēnghuó)：1. 명 생활.
2. 동 살다. 생존하다.
3. 명 일거리. 일.

必需品(bìxūpǐn)：1. 명 필수품.
2. 명 생활 필수품.

等(děng) : 등. 따위. 3-7.

刚性(gāngxìng) : 1. 명 (물체의) 강성.
2. 명 강한 성질. 강직성.

需求(xūqiú) : 수요. 4-9.

刚性需求(gāngxìng xūqiú) : 비탄력적 수요. Rigid Demand(고정된 요구).

增长(zēngzhǎng) : 성장하다. 증가하다. 3-2.

6) 食品・医药等生活必需品成交分别增长14.5%・26.9%。
shípǐn・yīyào děng shēnghuó bìxūpǐn chéngjiāo fēnbié zēngzhǎng bǎifēnzhī shí sì diǎn wǔ・bǎifēnzhī èr shí liù diǎn jiǔ。
식품・의약 등 생활 필수품의 거래성사는 각각 14.5%・26.9% 성장했다.

食品(shípǐn) : 명 (상품으로서의) 식품.

医药(yīyào) : 1. 명 의료와 약품. 의약.
2. 명 약품.

分别(fēnbié) : 각각. 7-8.

7) 机电商品・纺织服装成交下降11.6%・15.5%。
jīdiàn shāngpǐn・fǎngzhī fúzhuāng chéngjiāo xiàjiàng bǎifēnzhī shí yī diǎn liù・bǎifēnzhī shí wǔ diǎn wǔ。
전기 기계 상품・방직 복장의 거래성사는 11.6%・48.7% 하락했다.

机电(jīdiàn) : 명 전기 기계. 동력 전기. 기계 설비와 전력 설비.

商品(shāngpǐn) : 상품. 제품. 4-9.

纺织(fǎngzhī) : 동 방직하다. → 방직.

服装(fúzhuāng) : 명 복장. 의류. 의상. 의복.

下降(xiàjiàng) : 하강하다. 하락하다. 3-7.

8) 需求弹性明显的行业大幅下滑，如皮质箱包·木质玩具成交额分别下降了37.7%·48.7%。

xūqiú dànxìng míngxiǎn de hángyè dàfú xiàhuá, rú pízhì xiāngbaō · mùzhì wánjù chéngjiāo`é fēnbié xiàjiàng le bǎifēnzhī sān shí qī diǎn qī · bǎifēnzhī sì shí bā diǎn qī。

수요의 탄력성이 명확한 업종은 대폭적으로 하락하여, 예로 가죽제 가방 · 목제 장난감의 거래액은 각각 37.7% · 48.7% 하락했다.

弹性(dànxìng) : 명 탄력성. 유연성. 신축성. 탄성.

大幅(dàfú) : 대폭적으로. 1-8.

如(rú) : 1. 동 예를 들면. 예컨대. 예로.
2. 동 …와 같다. …와 비슷하다.
3. 동 미치다. 필적하다. 대등하다.
4. 동 부합하다. 따르다.
5. 개 …에 따라. …대로.
6. 접 만일. 만약.

皮质(pízhì) : 명 가죽 성질. 가죽제.

箱包(xiāngbaō) : 명 트렁크. 가방. 상자.

木质(mùzhì) : 명 나무 성질. 목제.

玩具(wánjù) : 명 장난감. 완구.

9) 刘建军说，本届广交会是在国际金融危机深层次影响继续显现，欧洲主权责务危机持续发酵，世界经济复苏明显减速，国际市场需求下滑，贸易保护主义加剧的严峻形势的背景下举行的。

Liú Jiànjūn shuō, běnjiè guǎngjiāohuì shì zài guójì jīnróng wēijī shēncéngcì yǐngxiǎng jìxù xiǎnxiàn, ōuzhōu zhǔquán zéwù wēijī chíxù fājiào, shìjiè jīngjì fùsū míngxiǎn jiǎnsù, guójì shìchǎng xūqiú xiàhuá, màoyì bǎohùzhǔyì jiājù de yánjùn xíngshì de bèijǐng xià jǔxíng de。

류잰쥔의 의견에 의하면, 이번 광저우무역박람회는 국제금융위기의 심층적 영향이 계속적으로 드러나고, 유럽 국가부채 위기가 지속적으로 발효하고, 세계경제의 회복이 뚜렷하게 감소하고, 국제시장의 수요가 하락하며, 무역 보호주의가 격화되는 심각한 형세 등의 배경 하에서 거행된 것이다.

刘建军(Liú Jiànjūn) : Liu Jianjun, 류잰쥔. 〔사람 이름〕

광저우무역박람회 대변인 · 중국대외무역센터 부주임.

国际金融危机(guójì jīnróng wēijī) : (2008년) 국제금융위기. 2-8.

深(shēn) : 1. 명 깊다.

2. 형 (색깔이) 짙다. 진하다.

3. 형 (정이) 두텁다. 돈독하다. (관계가) 밀접하다. 깊다.

层次(céngcì) : 1. 명 단계. 순서. 차등.

2. 명 (말이나 글에서 내용의) 순서. 단계. 차례. 층차.

3. 명 (서로 관련된) 각급 기구.

深层次(shēncéngcì) : 심층적인. 심층적으로. 심층적이다.

影响(yǐngxiǎng) : 영향. 1-7.

继续(jìxù) : 계속적으로. 3-3.

显现(xiǎnxiàn) : 분명하게 나타나다. 드러나다.

主权债务(zhǔquán zhàiwù) : 국가부채. sovereign debt.

欧债危机(ōuzhài wēijī) : 유럽연합(EU) 채무위기. 2-8.

欧洲主权债务危机(ōuzhōu zhǔquán zhàiwù wēijī) : 유럽 국가부채 위기.

持续(chíxù) : 지속하다. → 지속적으로. 4-4.

发酵(fājiào) : 동 발효하다. 발효시키다. 띄우다.

复苏(fùsū) : 회복. 회생. 4-2.

减速(jiǎnsù) : 동 감속하다. 속도를 줄이다.

保护主义(bǎohùzhǔyì) : 명 보호주의.

加剧(jiājù) : 동 격화되다. 악화되다. 심해지다.

严峻(yánjùn) : 1. 형 중대하다. 심각하다. 모질다. 가혹하다.

2. 형 엄숙하다. 위엄이 있다. 준엄하다.

背景(bèijǐng) : 배경. 1-8.

举行(jǔxíng) : 거행되다. 1-2.

10) "从目前的数据看，人数和成交额的'双下滑'反映出今年外贸'保十'任务艰巨。"

"cóng mùqián de shùjù kàn, rénshù hé chéngjiāo`é de 'shuāng xiàhuá' fǎnyìngchū jīnnián wàimào 'bǎo shí' rènwu jiānjù。"

"현재의 데이터에서 보면, 인원수와 거래액의 '두 가지 하락'은 올해 대외무역의 '10% 성장 유지'의 임무가 어렵고 힘들다는 것을 반영했다."

目前(mùqián)：현재. 6-9.

数据(shùjù)：데이터. 3-5.

反映(fǎnyìng)：1. 동 (사람이나 물체의 형상을) 되비치다. 반사하다.
2. 동 반영하다.
3. 동 (상급 기관이나 관련 부서에) 보고하다. 전달하다.

出(chū)：(동사 뒤에 쓰여)〔드러나거나 완성됨을 나타냄〕. 5-9.

反映出：반영해 내다.

任务(rènwu)：명 임무. 책무.

艰巨(jiānjù)：형 어렵고 힘들다. 어렵고도 무겁다. 막중하다.

11) 可喜的是，不少企业奋力应对困难，转型升级成效开始显现。

kěxǐ de shì, bùshǎo qǐyè fènlì yìngduì kùnnan, zhuǎnxíng shēngjí chéngxiào kāishǐ xiǎnxiàn。

기쁜 일은, 많은 기업이 필사적으로 어려움에 대처하고, 구조전환 향상의 효과가 나타나기 시작했다.

可喜(kěxǐ)：형 즐겁다. 기쁘다. 반갑다. 만족스럽다.

奋力(fènlì)：동 있는 힘을 다하다. 필사적으로〔죽어라〕 힘을 내다. → 필사적으로.

应对(yìngduì)：대처하다. 대응하다. 6-10.

困难(kùnnan)：1. 명 어려움. 애로. 곤란. 빈곤.
2. 형 곤란하다. 어렵다.
3. 형 빈곤하다. 곤궁하다.

成效(chéngxiào)：명 효과. 효능.

开始(kāishǐ)：시작하다. 4-2.

12) 刘建军说，在严峻的外贸形势下，企业纷纷加快转型升级步伐，培育以技术·品牌·质量·服务等为核心的外贸竞争新优势。

Liú Jiànjūn shuō, zài yánjùn de wàimào xíngshì xia, qǐyè fēnfēn jiākuài zhuǎnxíng shēngjí (bùfá, péiyù yǐ jìshù · pǐnpái · zhìliàng · fúwù děng wéi héxīn de wàimào jìngzhēng xīn yōushì。

류잰쥔은, 심각한 대외무역의 형세 하에서, 기업이 구조전환 향상의 속도를 잇달아 재촉하고, 기술 · 상표 · 품질 · 서비스 등을 핵심으로 하는 대외무역 경쟁의 새 장점을 육성한다고 말했다.

纷纷(fēnfēn)：1. 부 잇달아. 연달아. 쉴 새 없이. 계속해서.
2. 형 분분하다. 어지럽게 날리다. 흩날리다.

加快(jiākuài)：재촉하다. 빠르게 하다. 9-2.

步伐(bùfá)：1. 명 걸음걸이. 발걸음.
2. 명 (일이 진행되는) 속도. 순서.
3. 명 대오의 보조.

加快步伐(jiākuài bùfá)：발걸음을 재촉하다. → 속도를 재촉하다.

培育(péiyù)：동 기르다. 재배하다. 키우다. (인재를) 양성하다. 육성하다. 기르다.

以(yǐ)A为(wéi)B：A를 B로 여기다. 5-4.

技术(jìshù)：명 기술. 기교. 재량. 능력. 기술 장비.

品牌(pǐnpái)：1. 명 상표. 브랜드.
2. 명 저명 상표. 유명 브랜드.

质量(zhìliàng)：1. 명 (생산품이나 일의) 질. 품질.
2. 명〔물리〕질량.

服务(fúwù)：동 복무하다. 근무하다. 일하다. 봉사하다. 서비스하다. → 서비스.

核心(héxīn)：명 핵심.

竞争(jìngzhēng)：경쟁. 7-5.

优势(yōushì)：우세. → 장점. 8-3.

13) 本届品牌展区成交125.8亿美元，虽然同比上届下降了5.4%，但比总成交降幅低3.9个百分点。

běnjiè pǐnpái zhǎnqū chéngjiāo yī bǎi èr shí wǔ diǎn bā yì měiyuán, suīrán tóngbǐ shàngjiè xiàjiàng le bǎifēnzhī wǔ diǎn sì, dàn bǐ zǒng chéngjiāo jiàngfú dī sān diǎn jiǔ ge bǎifēndiǎn。

이번 브랜드 부스의 거래성사는 125억 8천만 달러이고, 비록 전년도 동기 대비 5.4% 하락했지만, 그러나 총 거래성사 하락폭보다 3.9% 낮았다.

展区(zhǎnqū)：명 전시구역. (전시) 부스.

品牌展区(pǐnpái zhǎnqū)：상표 전시구역. 브랜드 부스.

美元(měiyuán)：미국 달러. 3-4.

虽然(suīrán)A, 但(dàn)B.：비록 A하지만, 그러나 B하다. 6-9.

同比(tóngbǐ)：전년 동기 대비. 4-2.

同比上届：전년도(앞 회) 동기 대비.

比(bǐ)：…보다. 3-8.

降幅(jiàngfú)：명 (생산량이나 가격 등의) 하락폭. 낙폭. 〔백분율로 나타냄〕

低(dī)：낮다. 3-2.

百分点(bǎifēndiǎn)：명 퍼센트. 〔1%(百分之一)를 一个百分点이라고 함〕

14) 从行业对比看，每家品牌企业平均获得的订单数是非品牌企业的3倍，平均成交额是非品牌企业的6.2倍。

cóng hángyè duìbǐ kàn, měi jiā pǐnpái qǐyè píngjūn huòdé de dìngdān shù shì fēi pǐnpái qǐyè de sān bèi, píngjūn chéngjiāo`é shì fēi pǐnpái qǐyè de liù diǎn èr bèi。

업종의 대비에서 보면, 각 브랜드 기업이 평균적으로 획득한 주문서 수량은 비브랜드 기업의 3배이고, 평균 거래액은 비브랜드 기업의 6.2배이었다.

对比(duìbǐ)：1. 동 대비하다. 대조하다. → 대비. 대조.
2. 명 비율.

每(měi)：1. 대 매. 각. …마다. 모두.

2. 부 늘. 항상. 언제나. 〔같은 동작이 정기적으로 반복해서 나타남〕
3. 부 자주. 종종. 흔히. 수시로.

家(jiā) : 집 · 점포 · 공장 등을 세는 단위. 9-7.

每家(měijiā) : 각(각). 모든. 가구별. 집집마다.

品牌企业(pǐnpái qǐyè) : 브랜드 기업.

平均(píngjūn) : 1. 형 평균의. 균등한. 평균적인. → 평균적으로.
2. 동 평균하다. 평균을 내다. 균등히 하다. 고르게 하다.

获得(huòdé) : 획득하다. 2-3.

订单(dìngdān) : 명 (상품 · 물품 예약) 주문서. 주문 명세서.

数(shù) : 1. 명 (~儿) 수.
2. 수 몇. 여러. 수.
3. 명 액운.
4. 명 운명. 팔자. 천명.

数(shǔ) : 1. 동 세다. 헤아리다.
2. 동 (비교해 보았을 때) 손꼽(히)다. 제일이다. 뛰어나다. 출중하다.
3. 동 일일이 열거하다. 나무라다. 꾸짖다. 책망하다.

订单数(dìngdān shù) : 주문서 수량.

非(fēi) : 비~. 5-11.

非品牌企业(fēi pǐnpái qǐyè) : 비브랜드 기업.

倍(bèi) : 1. 양 배. 배수. 곱절. 갑절.
2. 동 갑절〔곱절〕로 늘다.

15) 创新产品多 · 设计研发能力强的企业成交情况明显好于其他企业。

chuàngxīn chǎnpǐn duō · shèjì yánfā nénglì qiáng de qǐyè chéngjiāo qíngkuàng míngxiǎn hǎoyú qítā qǐyè。

혁신적인 생산품이 많고, 디자인 연구개발 능력이 강한 기업의 거래성사 상황이 다른 기업보다 명백하게 좋았다.

创新(chuàngxīn) : 1. 명 창의성. 창조성. 창의. 혁신. → 혁신적인.
2. 동 옛것을 버리고 새것을 창조하다.

产品(chǎnpǐn) : 생산품. 6-4.

设计(shèjì) : 1. 명 디자인. 설계.

2. 동 설계하다. 디자인하다. 짜다. 계획하다.

3. 동 계책을 꾸미다. 흉계를 꾸미다.

研发(yánfā) : 동 연구개발하다. → 연구개발.

能力(nénglì) : 명 능력. 역량.

强(qiáng) : 1. 형 강하다. 건장하다. 힘이 세다.

2. 형 (의지가) 굳건하다. 굳세다.

3. 형 우월하다. 좋다. *

4. 번역 광저우무역박람회의 형세

대외무역의 연간 10% 성장 유지가 물거품 되고, 광저우무역박람회의 인기와 거래성사 두 가지가 하락하다

기자가 4일 제112회 광저우무역박람회 폐막 기자회견에서 알게 된 정보에 의하면, 지난번의 광저우무역박람회와 비교하여, 이번 광저우무역박람회의 구매상과 참가 인원수 및 거래액은 나란히 하락하고, 하락 폭은 모두 10%를 초과하고, 대외무역의 형세는 낙관적이지 않아, 적지 않은 기업이 취재에 응할 때 경영의 스트레스가 많다고 표명했다. 일부 기업은 대대적 구조전환의 향상을 통해 경쟁력을 제고시켰고, 거래성사의 상황은 기타 기업보다 뚜렷하게 좋았다.

업종에서 보면, 생활 필수품 등 비탄력적 수요 업종의 거래성사는 성장했다. 식품 · 의약 등 생활 필수품의 거래성사는 각각 14.5% · 26.9% 성장했다. 전기 기계상품 · 방직 복장의 거래성사는 11.6% · 48.7% 하락했다. 수요의 탄력성이 명확한 업종은 대폭적으로 하락하여, 예로 가죽제 가방 · 목제 장난감의 거래액은 각각 37.7% · 48.7% 하락했다.

류잰쥔의 의견에 의하면, 이번 광저우무역박람회는 국제금융위기의 심층적 영향이 계속적으로 드러나고, 유럽 국가부채 위기가 지속적으로 발효하고, 세계경제의 회복이 뚜렷하게 감소하고, 국제시장의 수요가 하락하며, 무역 보호주의가 격화되는 심각한 형세 등의 배경 하에서 거행된 것이다. "현재의 데이터에서 보면,

인원수와 거래액의 '두 가지 하락'은 올해 대외무역 '10% 성장 유지'의 임무가 어렵고 힘들다는 것을 반영했다."

기쁜 일은, 많은 기업이 필사적으로 어려움에 대처하고, 구조전환 향상의 효과가 나타나기 시작했다는 것이다. 류잰췬은, 심각한 대외무역의 형세 하에서, 기업이 구조전환 향상의 속도를 재촉하고, 기술 · 상표 · 품질 · 서비스 등을 핵심으로 하는 대외무역 경쟁의 새 장점을 육성한다고 말했다. 이번 브랜드 부스의 거래성사는 125억 8천만 달러이고, 비록 전년도 동기 대비 5.4% 하락했지만, 그러나 총 거래성사 하락폭보다 3.9% 낮았다. 업종의 대비에서 보면, 각 브랜드 기업이 평균적으로 획득한 주문서 수량은 비브랜드 기업의 3배이고, 평균 거래액은 비브랜드 기업의 6.2배이었다. 혁신적인 상품이 많고, 디자인 연구개발 능력이 강한 기업의 거래성사 상황이 다른 기업보다 명백하게 좋았다. *

단어 색인

(로마자와 성조의 순서이고, 숫자는 단어가 최초 사용된 '몇 과 - 문장 번호'를 표시함)

〈G〉

〈H〉

〈I〉

〈J〉

저자 소개

차성만(車城滿)

• 약력
- 국민대학교 졸업
- 國立政治大學(臺灣, National Chengchi University, Taiwan) 석사
- 中國文化大學(臺灣, Chinese Culture University, Taiwan) 박사

• 현재
- 서경대학교 국제비즈니스어학부 중어전공 교수

• 저서
- 꽃보다시사중국어(백산출판사)
- 경제시사중국어(백산출판사)
- 정치시사중국어(백산출판사)
- 무역시사중국어(백산출판사)

무역중국어길잡이

2018년 2월 10일 초판 1쇄 인쇄
2018년 2월 15일 초판 1쇄 발행

지은이 차성만
펴낸이 진욱상
펴낸곳 (주)백산출판사
교 정 편집부
본문디자인 오행복
표지디자인 오정은

저자와의 합의하에 인지첩부 생략

등 록 2017년 5월 29일 제406-2017-000058호
주 소 경기도 파주시 회동길 370(백산빌딩 3층)
전 화 02-914-1621(代)
팩 스 031-955-9911
이메일 edit@ibaeksan.kr
홈페이지 www.ibaeksan.kr

ISBN 979-11-88892-13-6
값 15,000원